ON NE
MEURT PAS

France Gauthier

ON NE MEURT PAS

La nouvelle vie de mon père : médecin de l'âme

RÉCIT INTIME

LES ÉDITIONS
PUBLISTAR
Une compagnie de Quebecor Media

Catalogage avant publication de Bibliothèque et Archives nationales du Québec et Bibliothèque et Archives Canada

Gauthier, France, 1963-

On ne meurt pas : la nouvelle vie de mon père: médecin de l'âme

ISBN 978-2-89562-379-3

1. Médiumnité. 2. Vie future. 3. Âme - Miscellanées. 4. Écrits spirites. I. Titre.

BF1288.G38 2010   133.9'1   C2010-941318-0

Couverture: France Lafond et Jessica Laroche
Mise en pages: Édiscript enr.
Photo de l'auteure: Jacques Migneault

Remerciements
Les Éditions Publistar reconnaissent l'aide financière du gouvernement du Canada par l'entremise du Fonds du livre du Canada pour leurs activités d'édition. Gouvernement du Québec - Programme de crédit d'impôt pour l'édition de livres - gestion SODEC.

Les Éditions Publistar
Groupe Librex inc.
Une compagnie de Quebecor Media
La Tourelle
1055, boul. René-Lévesque Est
Bureau 800
Montréal (Québec) H2L 4S5
Tél.: 514 849-5259
Téléc.: 514 849-1388
www.edpublistar.com

Dépôt légal - Bibliothèque et Archives nationales du Québec et Bibliothèque et Archives Canada, 2010

ISBN: 978-2-89562-379-3

Distribution au Canada
Messageries ADP
2315, rue de la Province
Longueuil (Québec) J4G 1G4
Tél.: 450 640-1234
Sans frais: 1 800 771-3022
www.messageries-adp.com

Diffusion hors Canada
Interforum
Immeuble Paryseine
3, allée de la Seine
F-94854 Ivry-sur-Seine Cedex
Tél.: 33 (0)1 49 59 10 10
www.interforum.fr

À mes enfants,
les deux plus belles âmes de ma vie.

Remerciements

Tout d'abord, merci papa de t'être frayé un chemin jusqu'à moi et de m'accompagner sur la «Voie». Tes magnifiques messages éveillent ma conscience un peu plus chaque jour.

Un merci tout spécial à Madame M. pour son talent, son soutien et ses enseignements si précieux. Merci d'exister.

Merci Claire Lamarche pour ta vision et ton audace.

Merci Yannick, mon amie, de *booker* ma vie et pour tous tes bons conseils «littéraires».

Merci maman, grande sœur et petite sœur de votre confiance et de votre amour.

Merci Marco, Nathalie, Marcelle pour votre ouverture, vos encouragements et votre apport à ce livre.

Merci Lucienne et Gaétan de compter parmi mes guides.

Merci Monique, Jean et Johanne, de Groupe Librex, pour votre enthousiasme.

Merci Marie, Anne-Marie, France et Marc d'avoir été mes premiers lecteurs. Vous m'avez apporté la confiance nécessaire pour terminer le travail.

Merci Sylvie pour ta compétence et tout le bien que tu fais.

Merci à Marcia de m'avoir initiée aux dialogues de la «vie intérieure».

Merci à tous ces gens qui se sont retrouvés «par hasard» sur mon chemin et ont ainsi contribué à mon évolution.

Enfin, merci Guy de ton immense respect, de ton amour et de ton soutien, sans lesquels je n'aurais jamais pu écrire ce récit.

Introduction

J'ai toujours su que j'écrirais un jour. J'ai fait mon cours en journalisme à la fin des années quatre-vingt parce que j'aime écrire et que je suis curieuse de nature. Je me voyais travailler pour un grand quotidien montréalais, mais la vie m'a plutôt amenée à faire principalement de la télévision. Je savais que j'écrirais, mais jamais je n'aurais cru que ce serait sur le délicat sujet de la Vie après la mort. Jamais. Encore là, ce n'est pas moi qui en ai décidé ainsi. Comme quoi on n'est pas vraiment seul maître à bord ! Mon bateau ressemble à un cargo qui vogue au gré des marées et des tempêtes, de « l'offre et de la demande » de cette même vie. Je me croyais pourtant unique capitaine aux commandes depuis bien longtemps… J'avais oublié qu'on doit tous se soumettre à l'Amiral.

Un matin de décembre, pendant le long congé de Noël 2003, je me suis réveillée avec une image très forte en tête. Je voyais la couverture d'un livre, d'un bleu indigo progressif, avec les mots *Médecin de l'âme* inscrits en lettres blanches dans le titre. Au même moment, un courant très fort a fait vibrer tout mon corps, m'apportant un bien-être immédiat. J'ai éclaté de rire et répondu à voix haute : « O.K., O.K., j'ai compris, je vais l'écrire. »

C'était une réponse à mon père, parti pour de meilleurs cieux il y a de cela de nombreuses années et qui me visite maintenant à travers le fabuleux canal d'une médium d'expérience. Afin que vous, lecteur, vous puissiez vous concentrer exclusivement sur le phénomène des contacts avec l'au-delà et non sur la médium elle-même, je l'appellerai Madame M. Cette femme exceptionnelle possède le don hors du commun de communiquer avec les âmes des défunts à travers l'écriture automatique. Comme si elle perdait le contrôle de sa main pour retranscrire ce que les esprits lui dictent lorsqu'ils se manifestent en présence des gens qui la consultent.

Je sais, cela peut paraître étrange. J'ai moi-même trouvé ça *flyé*. Cependant, quand vous aurez lu mon très court mais combien dense parcours pour démystifier ce que plusieurs persistent à appeler une «science occulte», vous aurez peut-être le sentiment d'avoir, tout comme moi, apprivoisé un peu le monde sacré de l'autre Dimension. Cela n'a finalement rien d'occulte. Au contraire, tout y est transparent et lumineux. «Dans mon livre à moi», ce n'est plus une croyance mais une certitude. À vous d'en juger…

FRANCE GAUTHIER

Premier contact

Le 2 février 2002. Samedi matin, 8 h 30. Je monte dans la petite Honda de ma copine Yannick. J'ai rendez-vous en Estrie chez Madame M., une médium qui, selon ses dires, possède la faculté à tout le moins inusitée de communiquer avec l'au-delà. C'est pour contacter mon père, décédé le 1er mars 1977, alors que je venais tout juste d'avoir quatorze ans. Je suis un peu nerveuse, même si je me répète que je ne crois pas aux médiums. Ni aux tireuses de cartes, ni à quelque diseur de bonne aventure que ce soit. Bof, j'ai bien consulté un ou deux voyants dans ma vie, pour suivre mes amies dans un trip de filles, mais je n'y crois pas. Je n'y crois pas, sauf que… j'aimerais tant que papa se manifeste et vienne mettre un baume sur cette immense plaie restée ouverte depuis bientôt vingt-cinq ans.

Le simple fait de ne pas être seule dans cette aventure devrait me calmer, mais cela exacerbe, au contraire, ma fébrilité. C'est que Yannick, elle, se montre beaucoup plus ouverte que moi au monde des voyants et tout le bataclan. Elle veut des nouvelles de Normand, son ex, le père de ses enfants, qui s'est tué dans un accident de la route il y a deux ans. Elle a aussi perdu son père, décédé dans un hôpital de

Floride, en 1991. Ses attentes, plutôt élevées, font donc monter les miennes d'un cran, même si elle ne possède pas plus d'indices concernant le véritable don de la médium.

Comment me suis-je retrouvée sur l'autoroute 10, en direction des Cantons-de-l'Est, en ce samedi 2 février 2002 ? À cause de *Claire Lamarche*, l'émission de télévision à TVA. Depuis que je suis maman, j'ai mis le journalisme pur et dur de côté pour me lancer à la pige comme animatrice, chroniqueuse ou recherchiste. Et la consultation avec Madame M., c'est un mandat que m'a confié Claire, disons, pour «tester le produit».

« Pas de trouble, ai-je répondu un peu fanfaronne, je vais y aller, ça fait vingt-cinq ans que j'attends un *meeting* avec mon père. »

Pourtant, depuis une semaine, en dépit de mon air toujours très « sûre de moi », mes sentiments ballottent entre l'excitation et l'angoisse. Dimanche dernier, j'ai téléphoné à la médium pour établir un premier contact et régler les détails de notre rencontre. Après une demi-heure à causer travail et spiritualité, elle m'a annoncé sans autre préambule que mon père était là, présent avec nous depuis le début de la conversation. J'ai eu envie de répondre que ce n'est pas très poli d'espionner les gens comme ça et qu'il pourrait au moins se montrer, mais je me suis retenue à deux mains. J'ai plutôt écouté la spécialiste.

« Il veut que je te dise qu'il est très fier de toi et qu'il attend ce moment depuis si longtemps ! »

Ayoye ! Instantanément, j'ai senti monter cette chaleur que je connais bien, la même que d'habitude, celle qui m'envahit toujours du plexus solaire jusqu'au bout des cheveux en une fraction de seconde quand j'apprends un truc auquel je ne m'attends pas. Je crois même avoir rougi, comme quand je me faisais prendre à tricher à un examen. Sans doute une vieille programmation de mon enfance. Une autre affaire à régler en thérapie !

Je sais, pour une journaliste sceptique, je ramollis facilement. Un jeu d'enfant en plus, me direz-vous : Madame M. sait que mon père est mort. Yannick, qui est coordonnatrice à la recherche de l'émission, a échappé cette information en proposant à la médium de faire vivre l'expérience à une chroniqueuse de l'équipe. Je me suis laissé prendre au jeu, malgré tout. Imaginez... Vous avez perdu votre père à l'adolescence, vous n'en avez évidemment jamais eu de nouvelles depuis et, d'un seul coup, il se trouverait juste derrière votre épaule à vous susurrer des mots doux à l'oreille à travers le « canal » d'une parfaite inconnue. Ça ébranle une femme, quand même, journaliste aguerrie ou pas !

J'attends donc cette consultation depuis six longs jours, dans la confusion émotive la plus totale. Fidèle à mon habitude lorsque je me retrouve dans cet état d'esprit, je me réfugie dans ma tête, à l'abri de toutes distractions, aussi légitimes soient-elles. Un réflexe de survie, paraît-il. Même les cris les plus stridents de mes deux enfants ne m'en sortent pas. Je vois bien leurs petites bouches s'animer et articuler de plus en plus grand, mais je n'entends que des bruits sourds un peu agaçants. Parfois, je marmonne un « oui, oui » pour signifier que je suis toujours vivante, mais ce n'est qu'une formalité. Il faut qu'on en finisse et vite... pour la sécurité de tout le monde à la maison !

Je me répète sans cesse que c'est complètement « pété ». Mais je suis la fille rêvée pour faire le job.

D'abord, bien sûr, de par mon statut d'orpheline de père. Ensuite, j'ai travaillé pendant des années comme reporter d'enquête à démasquer des bandits et des charlatans. «Qui mieux que moi, me dis-je fièrement, peut flairer la fraude, s'il y en a une?» Et, je l'admets, je me sens animée par un désir à la fois profond et inexpliqué d'explorer ces zones secrètes qui s'ouvrent à moi comme une caverne d'Ali Baba grâce à l'audace de l'émission *Claire Lamarche*.

La source de toute cette affaire? Un petit article dans *Le Soleil* de Québec, le jour de l'Halloween (c'est dire le sérieux qu'on accordait à l'histoire), affirmant qu'une certaine Madame M. pouvait entrer en contact avec l'au-delà. «Elle parle avec les morts», titrait le journal. J'ai scruté le reportage en me demandant quelle sorte de «bibitte» bizarre pouvait bien prétendre parler avec des âmes en peine, donner des messages par écrit aux pauvres mortels éprouvés qui restent et en faire un métier par-dessus le marché! On peut facilement s'imaginer une espèce de sorcière, style fausse gitane, étouffant derrière une colonne de fumée d'encens qui lévite au centre de cristaux inondés de lumière. Eh bien non. Selon la photo du journal, rien à voir avec l'image stéréotypée de la voyante mystique. Plutôt jolie femme, sourire franc et regard apaisant. Fin quarantaine. Plus l'allure d'une représentante pharmaceutique que d'une capotée qui pique des jasettes avec les esprits. Où se trouve l'attrape? J'allais sans doute le découvrir, ce n'était qu'une question de temps…

En plus de cet article du *Soleil*, je dispose, comme information, d'une préentrevue que Madame M. a accordée à une autre recherchiste de l'émission il y a quelques jours. Professionnalisme élémentaire oblige, on ne fait pas une heure de télévision avec une hurluberlue potentielle à partir d'un anecdotique article de journal, aussi crédible soit-il. Pas sans avoir au moins vérifié le sérieux de sa démarche et surtout, surtout, si elle peut vraiment tenir l'antenne tout ce temps.

Dans son rapport, ma collègue en arrive à la conclusion rassurante, après deux heures d'entretien, que la « messagère de l'au-delà » vaut le déplacement. Toujours selon son analyse, Madame M. dégage beaucoup de sérénité et peut sans aucun doute répondre avec substance aux questions variées de Claire Lamarche. La médium est également prête à nous fournir les numéros de téléphone de certains de ses clients dont les histoires seront bientôt publiées dans un recueil de témoignages. Nous acceptons d'emblée ce compromis, vu la difficulté de retracer les personnes qui ont eu recours à ses services confidentiels. Et aussi, nous serons deux filles de l'équipe à en faire l'expérience.

Mais toutes les preuves du monde ne peuvent chasser, en ce moment, les doutes qui m'assaillent, plus un : « Qu'est-ce que je fais là ? » J'ai une image de journaliste crédible et rigoureuse à défendre, moi ! Et je tiens précieusement à mon étiquette de *go getter* qui ne s'en fait pas passer facilement. Mon ego, quoi !

Je suis quand même assise dans l'auto de ma chum, à me faire conduire vers mon destin, avec une ouverture d'esprit grande comme le chas d'une aiguille, mais aussi, gros paradoxe, une immense envie que ce soit vrai.

Je dois ajouter cependant que tout semble m'avoir préparée à cette rencontre. Par un drôle de hasard, je me suis farci plus de lectures et de conversations ésotériques dans les derniers mois que dans toute ma vie. En plus, je viens de terminer, un an après tout le monde, le roman best-seller *Et si c'était vrai...* de Marc Lévy. Vous avez raison, ce n'est que de la fiction, mais je ne peux m'empêcher de penser que, si j'ai dévoré ce bouquin quelques semaines avant qu'on me propose la chronique, ce n'est pas pour rien. Une coïncidence qui peut sonner comme un insupportable cliché, genre théorie à cinq cennes sur la synchronicité, mais ça me traverse quand même l'esprit. Dans le livre de Marc Lévy, un architecte vit une histoire d'amour avec un fantôme qui habite dans son placard. Peut-être que papa a élu domicile dans le mien depuis toujours et que je ne suis pas foutue de m'en rendre compte !

« Je pense qu'on arrive », lance Yannick, me sortant douloureusement de ma bulle.

Mon rendez-vous a été fixé à 10 heures. Mon amie doit attendre son tour au resto d'en face, rue Principale. Je sors de l'auto. La neige craque sous mes bottes tellement il fait froid. « Moins 35 avec le facteur vent », nous ont rabâché les filles de la météo pendant tout le trajet. Je me faufile en vitesse à l'intérieur de la petite entrée non chauffée où je suis accueillie par une porte vitrée verrouillée et, sur le mur de droite, quelques boutons de sonnette blancs. J'appuie au-dessous de celui de Madame M. Pas de réponse.

Une panique inopinée me gagne. Me suis-je trompée d'heure ? Non. C'est un canular, Madame M. n'est pas médium. Pire encore, elle est pseudo-médium, mais elle a eu la chienne et ne se présente pas au rendez-vous. Il faut dire que je n'ai pas très bonne réputation pour qui m'a déjà vue à l'œuvre avec un méchant fraudeur, à l'émission *Mongrain*

(Jean-Luc Mongrain) ou aux *Nouvelles TVA*. J'ai même déjà porté le surnom pas très sexy de «pitbull à Mongrain», sobriquet non moins affectueux dont mes collègues m'avaient affublée et qui m'est resté collé à la peau un peu trop longtemps à mon goût!

C'est sûr! Y'a pas d'erreur! J'en ai maintenant la conviction, l'imitation de médium a «pogné les quételles» et s'est sauvée en courant. Je sors du vestibule, furieuse. De l'extérieur, je balaie du regard toutes les entrées de l'immeuble. Rien. Je m'apprête à aller rejoindre Yannick au resto, avant de me transformer en *popsicle*, lorsque j'aperçois au loin une petite voiture sport s'avançant lentement dans le stationnement. La buée de mon propre souffle m'empêche d'en distinguer le conducteur. Je retiens ma respiration pour y voir plus clair... Je la reconnais, il s'agit bien de la femme que j'ai vue sur la photo du journal.

Un peu fébrile, je cours dans sa direction pour l'attraper avant qu'elle n'entre. Haletante, je me présente et elle m'invite à la suivre jusqu'au deuxième étage où se trouve son modeste bureau de consultation. La médium m'explique qu'elle partage le local avec une amie thérapeute. Entre les deux pièces fermées, un espace exigu sert de salle d'attente. Au centre, une causeuse, une petite table où s'empilent quelques revues et, sur le dessus, le premier livre de Madame M. publié il y a quelques années. «Mmm, plus ésotérique que ça, tu meurs!» me dis-je presque à voix haute en feuilletant l'ouvrage, qui semble traiter d'anges et de lumière.

C'est une mauvaise habitude que j'ai de réfléchir tout haut. Je passe au mieux pour une folle, à un feu rouge au volant de ma voiture, ou pire, je me fais prendre à raconter des insanités sur mon interlocuteur.

« Assis-toi, France, je reviens dans quelques minutes. »

Elle referme la porte, me laissant seule avec cette lecture hostile, du moins pour l'athée par défaut que je suis devenue. C'est que mon chum m'a pratiquement convaincue, au fil des ans, qu'on finit tous par aller engraisser les pissenlits par la racine. Une conclusion qui ne me sourit guère, mais cela a l'avantage, pense-t-il, de rendre la vie encore plus intense. Je suis trop angoissée pour lire quoi que ce soit, de toute façon. Je plonge tout de même dans le bouquin, question d'avoir l'air occupée quand elle m'appellera.

« Tu peux entrer », m'annonce la médium au bout de dix minutes…

… qui m'ont paru une éternité.

Maria

L'histoire de ma vie n'intéresse personne en principe, mais, pour comprendre la suite du récit, je dois apporter quelques précisions sur mon enfance et mon adolescence. Je suis née le 21 janvier 1963 à Maria, dans la baie des Chaleurs, en Gaspésie. Mon père était médecin à l'hôpital local. Ma mère, infirmière de profession, n'avait «pas le droit de travailler», comme les mœurs l'imposaient à bien des femmes de l'époque. Régulièrement, elle assistait tout de même son docteur de mari dans les visites à domicile, surtout pour des accouchements. J.P. (c'est ainsi que je nommerai mon père) jouait alors le rôle glorieux de catcheur de bébés, alors que ma mère se farcissait tout le travail! Plus ça change...

Ma sœur aînée est née trois ans avant moi. Nous habitions sur la route principale, la 132, en face de la maison des Bernard. Lucienne, la vieille fille la plus connue du village, y vivait toujours avec ses parents et son oncle. Elle gardait ma grande sœur depuis sa naissance quand je suis venue agrandir la famille.

Alors que j'avais à peine six mois, mes parents ont décidé de déménager à Montréal. Mon père venait d'être admis en radiologie à l'hôpital Maisonneuve-Rosemont. Lucienne suivait la troupe pour que ma mère, déjà enceinte d'un troisième enfant, puisse retourner travailler à temps plein comme infirmière. Il fallait bien nourrir toutes ces nouvelles petites bouches.

Nous nous sommes donc retrouvés dans un cinq et demi, au deuxième étage d'un «bloc appartements» du boulevard Lacordaire, en banlieue est de la ville. Ma nounou jouait admirablement son rôle de substitut. Tout le monde me l'a toujours dit: elle m'aimait comme sa propre fille. Probablement parce qu'à ses yeux je faisais un peu pitié. Pauvre enfant sandwich, *total reject* de la famille alors que l'aînée monopolisait l'attention de son père et le bébé, celle de sa mère. Moi, j'avais Lucienne. Le simple fait d'être pas mal braillarde a sans doute joué en ma faveur pour obtenir son affection. Elle passait parfois des heures à me bercer pour me consoler. Quoi qu'il en soit, j'étais son chouchou et je lui rendais bien cet amour inconditionnel. D'ailleurs, je la surnomme, encore aujourd'hui, «ma deuxième mère». En passant, je n'ai jamais consciemment ressenti le rejet de qui que ce soit dans ma famille, mais puisque les théories de psys le disent…

❊❊❊

L'aventure de la spécialisation de mon père aura duré trois ans. Heureusement, tous les étés nous retournions pendant plusieurs semaines respirer l'air pur de notre Gaspésie natale. En juin 1966, le cœur léger, nous avons enfin retrouvé en permanence notre village, ses montagnes, ses grandes berges sur la mer et ses habitants si accueillants. Papa a fait construire une grande maison derrière l'hospice, et même si nous avions l'espace requis pour accueillir une nounou, Lucienne est retournée vivre chez elle. Bien sûr, elle demeurait incontestablement notre gardienne préférée et mes parents embauchaient d'autres jeunes femmes pour la relever ou pour l'aider, car à cette époque mon père voyageait souvent pour combler les besoins pressants en radiologie des autres hôpitaux de la région.

Cela a été une très belle période de ma vie. Notre maison servait de refuge à tous les enfants du coin, une sorte de camp de jour improvisé, si on veut. Nous avions un grand terrain équipé de balançoires, l'été, et de deux motoneiges, l'hiver, dont une tirait une traîne sauvage géante construite par les Micmacs de la réserve voisine. Dans le jardin, une maisonnette d'enfants complétait le décor. En prime, plusieurs nounous partageaient leur temps entre les activités pour enfants et les tâches ménagères. Aujourd'hui, on appellerait ça une garderie; à cette époque, c'était simplement… de l'entraide !

En juillet 1969, nous avons vécu une grande peine. Je revois l'immense camion de déménagement emporter pour de bon tous nos meubles. Mon père venait en effet de décrocher un poste dans un hôpital de la région de Québec, et nous, ses trois filles, nous pourrions enfin être admises à l'école la plus cotée à ses yeux, Jésus-Marie de Sillery. C'était presque une obsession pour lui. Ses enfants n'allaient certaine-ment pas fréquenter la polyvalente.

« Les élèves peuvent porter des jeans et y'a de la drogue partout », exagérait-il. Même l'idée de faire seulement notre primaire au public lui donnait de l'urticaire.

Comme nous arrivions du bout du monde, la grande bourgeoisie de Québec nous regardait de haut. Ma mère a donc dû se battre comme une démone pour que nous soyons admises à l'école privée. «Des petites de la campagne comme les vôtres ne pourront pas suivre», lui avait-on fait savoir cavalièrement. Mais maman n'avait pas dit son dernier mot. Après plusieurs rencontres, les religieuses ont finalement accepté ma sœur aînée en sixième année, pour examiner notre potentiel familial. À leur grand étonnement, elle était si douée que la directrice a dû lui faire sauter la septième ! Deux ans plus tard, après nous avoir fait fréquenter l'école publique du quartier, ma mère triomphante nous conduisait, la plus jeune et moi, à notre première journée de classe au collège Jésus-Marie de Sillery. J'avais alors huit ans.

Chaque été, nous retournions passer une partie de nos vacances dans la baie des Chaleurs. Lucienne, qui avait dû rester à Maria pour s'occuper de ses vieux parents malades, nous attendait toujours avec impatience. Sans jamais manquer à notre engagement envers elle, nous lui rendions visite comme si elle faisait encore partie de la famille. Et nous le faisions aussi pour les autres nounous qui avaient travaillé chez nous pendant ces belles années passées en Gaspésie.

Cette grande loyauté compte parmi les valeurs fondamentales que mon père nous a enseignées. Pour cette raison et pour cent autres, tout le monde l'aimait. J.P., un homme intelligent, sensible, drôle et très chaleureux, adorait recevoir. Ma mère aussi d'ailleurs. Notre maison se remplissait donc de monde tous les week-ends. Papa, en bon aîné de six autres frangins-frangines, avait le sens de la famille et du devoir. Avec ses frères, ses sœurs, beaux-frères, belles-sœurs, cousins, cousines, amis et collègues, il entretenait des liens aussi serrés que ceux du *padre* de la mafia avec toute la *famiglia*. Le crime en moins, bien sûr ! D'ailleurs, j'ai très souvent entendu maman dire, au fil des ans : « La famille Gauthier, c'est un véritable clan. »

Mes plus beaux souvenirs d'enfance sont remplis de ces voyages en caravane de roulottes alors que nous partions quatre ou cinq familles faire le tour de la Gaspésie, des Maritimes ou visiter la côte est américaine. La vie était une éternelle aventure avec J.P. comme père. Je me rappelle clairement ce matin du mois d'avril, quand il nous a réveillées, mes sœurs et moi, pour nous annoncer que nous allions faire un tour d'auto.

« Apportez vos maillots de bain, on pourrait trouver une piscine sur notre chemin, les filles. »

Le lendemain soir, nous traversions Miami sur la route A1A à la recherche d'un hôtel, les yeux grands ouverts d'émerveillement et d'incrédulité. Dans ma tête d'enfant, il n'y avait jamais rien d'impossible pour mon père. Et nous étions ses trésors, « les plus belles, les plus fines et les *plusss* capables ». Si je vous montrais une photo de mes sœurs et moi, à cette époque, vous auriez le droit d'en douter… Mais bon, on le sait, le cœur d'un père amoureux de ses enfants est aveugle !

C'est donc dans cette atmosphère de fête que j'ai grandi. Toutes mes amies trouvaient que papa était « le plus tripant » de tous les pères. Moi, en bonne adolescente que je devenais, je lui découvrais de plus en plus de défauts que je me plaisais à critiquer. « Trop sévère, surprotecteur et un peu parano à ses heures… » Mais il n'y avait tout de même pas de héros plus géant que lui sur terre. Et la vie coulait sans que j'aie à me soucier de quoi que ce soit. Jusqu'à l'année de mes quatorze ans.

L'ombre

L es ennuis de J.P. ont commencé sournoisement plusieurs mois avant sa mort. Au printemps 1976, probablement dans une phase de manie, il démissionnait avec fracas de ses fonctions de radiologiste à l'hôpital. Il nageait dans l'euphorie et avait réussi à convaincre ma mère que c'était pour le mieux. Bien vite cependant, les problèmes d'argent se sont mis à l'angoisser. Mon père caressait mille projets, plus impossibles les uns que les autres, pour se lancer en affaires. Mais il avait l'âme d'un médecin, pas d'un businessman. Il a vécu plusieurs déceptions avant de sombrer dans une profonde dépression, dont nous avons à peine eu connaissance, ma plus jeune sœur et moi. L'aînée, de son côté, se doutait que quelque chose n'allait pas et se rebellait contre l'autorité maladive de papa, mais elle ne pouvait aucunement imaginer ce qui l'attendait au détour.

✿ ✿ ✿

Noël approchait à grands pas et mon père n'avait toujours pas de revenu. La seule image d'un sapin moins garni que les années précédentes le rendait fou. Son orgueil l'aveuglait, même si nous lui répétions sans cesse que les cadeaux, ce n'était pas important, et que, de toute façon, nous avions longtemps été trop gâtées. Personne ne pouvait lui faire entendre raison. Pas même ma mère, sa femme, son amie, sa complice, qui a pourtant toujours incarné le gros bon sens. La longue descente aux enfers de J.P. devait se terminer abruptement deux mois plus tard, soit le 28 février 1977.

❊ ❊ ❊

Ce matin fatidique, nous partions toutes les trois pour les Jeux du Québec qui se tenaient à Montréal. La plus jeune et moi avions été recrutées dans l'équipe de basket-ball cadet AA et l'aînée, comme assistant-*coach*. La tension était palpable dans la maison. Tout le monde s'affairait à ne pas oublier sa paire de bas d'extra, ses «*running shoes* Converse» de rechange ou sa brosse à dents.

J'attendais ce grand départ depuis des semaines. Nous nous étions qualifiées pour le gros tournoi et j'étais une des joueuses clés du *starting five* (les cinq joueuses partantes à un match). Ma petite sœur, un peu moins expérimentée, compensait fort bien par son esprit d'équipe et son humour grinçant.

«C'est moi la joueuse la plus polyvalente de l'équipe, lançait-elle en ricanant. Je joue banc centre, banc gauche et banc droit!»

Mais déjà à cet âge-là, je me disais que la performance, «y'a pas que ça dans la vie. Y'a aussi les partys…». Je voulais donc que la journée soit parfaite. Parce qu'on pouvait enfin côtoyer des équipes de garçons. Cela peut paraître insignifiant, mais quand tu fréquentes une école de filles depuis la troisième année, le seul fait de t'asseoir dans les mêmes estrades qu'une équipe de gars devient un événement en soi. Or, c'était la catastrophe au réveil quand j'ai aperçu, dans le miroir, un orgelet de deux centimètres de diamètre qui avait fait insidieusement irruption sur ma paupière droite pendant la nuit. Je voulais mordre. Et mon père a été le premier à me passer la remarque. « T'as un orgelet, ma fille, veux-tu que je regarde ça ? » Pas de farce ! Je sentais la marmite prête à sauter. « Non, laisse-moi tranquille. Et trouve-toi donc une job au lieu de m'embêter. »

Et vlan ! Tout le monde sait combien une adolescente peut être un monstre de méchanceté quand elle fabrique des hormones à temps plein. C'est exactement ce que j'étais. Pas pire, pas mieux que les autres, juste en pleine révolte. Et ce jour-là, mon père m'énervait souverainement.

Depuis des mois, je l'observais arpenter, une à une, les pièces de la maison à longueur de journée comme un lion en cage. Je ne voyais rien de sa détresse, évidemment. Dans ma tête d'enfant, ce n'était juste pas normal qu'il passe la balayeuse un mardi matin pour tuer le temps. Cette simple image m'irritait au plus haut point. Je ne voulais pas être confrontée à ses failles, ses inquiétudes, son impuissance. À quatorze ans, on n'a pas les outils pour gérer ce genre de crise.

Des années plus tard, on a enfin nommé la maladie de mon père. Dépression. Maniaco-dépression, pour être plus précis. Mon grand-père avait souffert du même mal, et deux autres membres de la famille en étaient aussi atteints. Mais pour moi, à cet âge ingrat, papa n'avait tout simplement pas droit à ce genre d'état d'âme. Même chose avec la sexualité.

C'est connu, pour les enfants, les parents sont des êtres asexués. Suivant la même logique, ils n'ont pas non plus le loisir d'être faibles ou malades. Mon père, parfait à nos yeux, savait cacher son désarroi. Même à lui. Si bien que jamais personne n'aurait pu soupçonner ce qui allait se produire et faire tout basculer en cette matinée de février.

L'orage

Nous avons pris le bus comme prévu, après le dîner, pour nous rendre à Montréal. Il y avait toutefois une ombre au tableau. Je pensais à ma mère... Je la revoyais, debout dans l'entrée du gymnase, juste avant notre départ, nous faire signe qu'elle devait nous parler. Elle était venue reconduire ma sœur aînée, obligée de retourner à la maison à l'heure du lunch pour y chercher un vêtement oublié. L'air accablé, maman nous avait informées, ma petite sœur et moi, des derniers événements.

«Votre père est malade, les filles, mais partez quand même, je m'occupe de lui.»

Malade ? Quoi ?

«Il est à l'hôpital, mais vous ne pouvez rien faire, alors allez à votre tournoi. Ne vous inquiétez pas, ça ira.» Sans autre précision, notre mère nous a regardées partir, la main levée timidement en signe d'au revoir.

Dans l'autobus, j'ai vu ma grande sœur pleurer. Pendant des années, je me suis trouvée odieuse en repensant à cet épisode, mais je ne voulais tout simplement pas que la maladie de mon père gâche mon voyage. «Qu'est-ce qu'il a, papa ?» lui avais-je demandé, irritée, sans toutefois obtenir de réponse. Je crois, au fond, que ça faisait mon affaire de ne pas savoir. Nous avons festoyé, le soir, en arrivant dans la métropole, même si nous devions jouer un gros match, tôt, le lendemain. Tout mon être vibrait à cette tension qui caractérise si bien l'atmosphère de compétition. J'avais hâte de montrer aux équipes de Montréal de quoi nous étions capables, nous, les filles de Québec. Pas d'hier, cette sacrée rivalité Montréal-Québec !

✿ ✿ ✿

Le premier match du matin s'est bien déroulé, mais nous avons perdu aux mains d'une équipe visiblement supérieure. Dans l'après-midi, au milieu de la seconde partie, j'ai aperçu ma tante, la petite sœur de mon père, et son mari assis dans les estrades. Que faisaient-ils là ? Pourquoi étaient-ils « montés » de Québec pour venir nous voir jouer, alors qu'ils pouvaient le faire pendant toute la saison, à domicile ?

Le *coach* nous a laissées finir la partie et savourer cette première victoire quelques minutes, avant de nous annoncer : « Votre père ne va pas bien du tout, les filles ; vous devez retourner chez vous. »

Un coup de masse sur la tête ne m'aurait pas fait plus mal. C'est incroyable, je le sais, mais j'étais tellement en colère que tout ce que je trouvais à dire entre deux sanglots volontairement bruyants, c'était : « Non mais, il aurait pas pu trouver un meilleur moment pour tomber malade ? »

Nous avons repris l'autoroute 20 vers Québec, en catastrophe, sans dire un seul mot, toutes les trois entassées sur la banquette arrière de la voiture de mon oncle. Je me souviens de cette lourdeur pendant le trajet. Aucune d'entre nous n'osait poser de questions, sans doute par peur de la réponse. Arrivés au pont Pierre-Laporte, ma tante nous a expliqué que nous n'arrêtions pas à la maison. Nous irions plutôt directement chez ma grand-mère, où la famille au complet nous attendait.

En entrant, j'ai vu ma mère, seule, debout dans la cuisine. Ma tante et mon oncle se sont vite éclipsés pour rejoindre les autres au salon. Maman est une grande femme élégante, plus effacée que mon père, mais beaucoup plus forte de caractère. Avant ce soir-là, je ne l'avais surprise à pleurer qu'une seule fois, en silence. Une dispute banale au sujet de la roulotte stationnée pour l'hiver au mont Sainte-Anne. Là, je voyais encore des larmes couler derrière ses grosses lunettes à la mode des années soixante-dix, mais le ton n'avait plus la légèreté des affaires courantes de famille.

«Papa est mort, les filles.» Puis, elle a repris son souffle. «Il s'est suicidé...»

Mes sœurs ont pleuré des torrents, sourds et saccadés, pendant que notre mère tentait quelques explications laconiques. Je me souviens d'avoir été surprise de leur réaction si spontanée. Moi, rien. Le Grand Canyon, à sec. Je ressentais pourtant cette chaleur, la même que j'ai déjà décrite, comme si j'avais encore triché à un examen. Le sentiment de trahison, en plus. De haute trahison. Le genre qu'on ne peut pardonner parce qu'elle est trop lâche. À partir de ce jour, et pour les dix années qui ont suivi, mon père, ce héros, n'était plus qu'un pleutre.

J'ai baissé les yeux pour ne pas voir toute leur douleur. Maman, toujours bienveillante, nous entourait de ses grands bras. J'étouffais. Je sais qu'elle faisait de son mieux, mais je n'avais aucune envie d'être réconfortée. Comment pouvait-il nous abandonner comme ça, sans même laisser une lettre, un mot, une explication ? Un fusil en plus. Une balle dans la tête. Le jour de l'anniversaire de ma petite sœur. Et l'aînée qui l'a trouvé au sous-sol. Erreur de parcours, elle était seulement retournée à la maison sans s'annoncer, au mauvais moment. C'est elle qui a dû appeler la police. Maman était sortie faire des courses. À son retour, elle a croisé les ambulanciers qui s'apprêtaient à emmener son mari à l'hôpital…

Les événements se bousculaient dans ma tête. C'est pour ça que ma mère était venue reconduire ma grande sœur à l'autobus, la veille, avant le départ pour les Jeux du Québec. Pour ça qu'elles avaient l'air si atterrées toutes les deux. Pour ça que ma sœur aînée pleurait pendant le voyage. Pour ça que le *coach* avait passé des heures à discuter avec elle, le soir, alors que nous, les joueuses, faisions la fête. Pour ça que ma tante et mon oncle ne parlaient pas dans l'auto. Comment auraient-ils pu ? Comment annoncer à des adolescentes que leur père trouve la vie si insupportable qu'il n'a d'autre solution que de se tirer une balle dans la tête ? Ce n'est certainement pas le genre de conversation qu'on a envie d'avoir avec ses nièces, j'imagine. De toute façon, par convention, il revenait à notre mère de nous annoncer la tragique nouvelle.

Ce n'est que pour écrire ces lignes que j'ai enfin eu le courage de demander à maman comment elle avait trouvé la force de nous laisser partir en tournoi, ce matin-là, alors que son amoureux venait de commettre l'irréparable.

« Ç'a été un réflexe de survie… Je voulais vous protéger. Je ne pouvais pas imaginer devoir expliquer à tout le monde, à l'école, ce qui venait de se produire. J'ai demandé à ta grande sœur de vous accompagner parce qu'on ne savait pas ce qui allait se passer, il était toujours vivant.»

Ma mère tenait aussi à nous épargner la visite à l'hôpital pendant les premières vingt-quatre heures. Papa, «branché de partout», y était maintenu en vie artificiellement pour que les médecins évaluent les dommages causés par la balle au cerveau.

«Je comprends, maintenant, maman.»

✱ ✱ ✱

Je n'ai pas réussi à verser une larme à la mort de mon père. Cela m'a pris des années à réaliser que la colère en était la grande responsable. Elle m'avait simplement asséché les muqueuses. Moi qui ai sans aucun doute été pleureuse professionnelle dans une autre vie. (Le «pitbull à Mongrain», ce n'était qu'une façade!) Moi qui pleure en regardant des «pubs de chars». Moi, la Marie-Madeleine de service, je n'arrivais pas à mouiller un seul mouchoir. Même pas aux funérailles.

Pendant trois longs jours au salon funéraire, j'ai pourtant regardé défiler, devant le corps livide et froid de mon père, toutes les vieilles tantes, les vieux oncles, les plus jeunes aussi, les cousins, les amis, les filles de Jésus-Marie, certaines à qui je n'avais jamais parlé, les médecins de l'hôpital et les étrangers, sans laisser échapper une goutte de ma peine. Tout le monde pleurait. Pas moi. Je me sentais coupable d'avoir, en apparence du moins, un cœur de pierre. C'était comme si j'assistais à la scène sans véritablement la vivre. J'ai même eu un fou rire embarrassant le soir où les filles du basket et nos amies d'enfance sont venues nous offrir leur sympathie. On se moquait du prof d'anglais dont le toupet prend racine au milieu du crâne. Un front de vingt centimètres, imaginez. Cette seule pensée m'a fait pouffer de rire comme une gamine. J'avais un peu honte, bien sûr, surtout en voyant tous ces regards indignés se tourner vers nous. Mais comme ça faisait du bien de rigoler un peu !

Je me suis efforcée d'avoir l'air triste à la cérémonie. L'église était bondée et tous les yeux, rivés sur nous. « Pauvres petites », que je les entendais penser. Enragée, j'ai décidé cet après-midi-là qu'on ne me ferait pas le coup, à moi, et surtout pas à mes futurs enfants. Un an plus tard, j'ai entendu la « toune » qui remplacerait le *Ave Maria* à mes funérailles. « Pas d'église. Je serai incinérée, et on me fera une grande fête au son de *I will survive* de Gloria Gaynor. Je veux voir tout le monde rire et danser », me suis-je promis solennellement.

C'est aussi au cours de ces années, sans aucune autre raison apparente, que nous avons toutes les quatre coupé les ponts avec la religion catholique.

Dans les jours qui ont suivi, nous sommes retournées à l'école, comme si rien ne s'était passé ou presque. Les religieuses, qui avaient raconté aux élèves du collège que mon père était mort d'une rupture d'anévrisme, ont fait chanter une messe en son honneur. *And the life goes on*, comme on dit... Je me suis lancée à fond de train dans mes études et dans le sport, pour compenser. À partir de ce moment, j'ai vécu mes plus belles années au collège Jésus-Marie de Sillery. Je n'en ai que de bons souvenirs. Sincèrement.

La révolte

Ce départ brutal a forcément laissé de nombreuses séquelles. Même si ma mère a brillamment repris les rênes de la famille, il lui manquait toujours un membre. Ainsi, sans jamais en faire notre véritable deuil, nous avons plutôt bien réussi à fonctionner avec ce handicap. Ce n'est pas un reproche à qui que ce soit, mais il faut se rendre à l'évidence : en 1977, les psychologues ne se bousculaient pas aux portes des écoles pour assurer un suivi professionnel à ceux qui restent, comme c'est le cas aujourd'hui. Et puisque le suicide était un sujet extrêmement tabou, encore davantage celui d'un médecin, nous ne parlions plus de mon père, même pas à la maison. C'était notre façon à nous de soigner le bobo. Cordonnier mal chaussé.

Ça m'a rattrapée…

❋ ❋ ❋

Il m'a fallu attendre l'âge de vingt-trois ans et des poussières pour lui pardonner son geste. Un soir, quelques semaines après ma graduation à l'Université Laval, un des frères de mon père, qui s'était donné comme mission de prendre la relève en tant que figure paternelle, m'a invitée pour une tournée des grands-ducs à Québec, question de célébrer l'événement. C'était comme une tradition pour lui. Il avait accordé le même privilège à mes deux sœurs, à la fin de leur bac. Puisque j'avais préféré les voyages et la grosse bière aux études, j'étais la dernière à bénéficier de ses largesses, au printemps 1986.

J'avais préparé longuement mon interrogatoire. Après plusieurs apéros dans les meilleurs bars de la ville, j'ai bombardé mon oncle, au resto, de questions sur la maniaco-dépression, sur le trou noir, sur la détresse que peut ressentir un homme qui a touché le fond du baril. C'est que lui aussi avait dû apprendre à vivre avec cette maladie. Une histoire de famille quoi, qui n'affecte heureusement aucune de nous trois, pour l'instant du moins !

Mon oncle a répondu à toutes mes questions, sans réserve. Il m'a expliqué le mal de vivre, le sentiment d'impuissance quand il se voit sombrer, les séjours à l'hôpital dans le temps des fêtes surtout, les médicaments qui sont enfin arrivés sur le marché un an après la mort de mon père.

« Pour J.P., tu sais, la seule solution c'était d'en finir. Il ne pouvait plus continuer à souffrir et à faire souffrir les autres autour de lui. »

Le lithium, le médicament prescrit aux maniaco-dépressifs, aurait peut-être pu sauver mon père, mais encore là, il n'y a rien de moins sûr. Ma mère avait tout essayé pour l'aider, il refusait de reconnaître son état. L'orgueil, le maudit orgueil des hommes, lui avait fait dire à un ami psychiatre, deux semaines avant de se suicider, qu'il n'était pas plus malade qu'un autre. Bref, le mot « thérapie » ne devait surtout pas être prononcé à voix haute devant lui.

En me déposant chez moi, à la fin de la soirée, mon oncle m'a confié, ironique, que nous étions «très originales», mes sœurs et moi. Toutes les trois, sans s'être consultées *a priori*, nous avions posé sensiblement les mêmes questions au sujet de notre père. Et nous avions curieusement choisi ce tête-à-tête spécial avec son frère, à des années d'intervalle en plus, pour le transformer en salon des confidences!

J'ai longtemps cru que le sujet était clos, que j'avais réglé mes comptes avec mon père et que je pouvais enfin vivre en paix. Ce n'était qu'en partie vrai. Oui, j'avais accepté son choix, sans l'endosser, bien sûr, mais je traînais une énorme culpabilité que j'avais balayée quelque part dans un petit tiroir bien caché de mon inconscient, juste pour survivre. En fait, j'ai toujours cru avoir été la goutte qui avait fait déborder le vase, ce matin de février. Que mes dernières paroles adressées à mon père avaient été en quelque sorte «assassines». Et j'étais partie jouer au basket sans l'embrasser, sans lui dire que je l'aimais, malgré ses faiblesses.

Je sais bien aujourd'hui, dans mon cœur d'adulte, qu'il est normal, à quatorze ans, d'envoyer promener ses parents de temps à autre. Et qu'on n'embrasse pas son père après l'avoir insulté. Qu'on ne lui dit pas «Je t'aime» trop souvent non plus, de peur d'avoir l'air «téteux». Non. On se sauve en courant et, au mieux, on s'excuse deux jours plus tard. Sauf que dans mon cas, quarante-huit heures après, je l'ai revu dans sa tombe.

J'ai repassé la scène de l'orgelet mille fois dans ma tête. J'ai recréé cent scénarios qui auraient pu paraître plus humains ce jour-là, qui m'auraient enlevé la foutue conviction d'avoir fait sauter le presto. Mais la fatalité ne se reconstruit pas. Elle existe et il faut vivre avec. J'ai tout rationalisé avec les années. Je n'ai pas pris l'entière responsabilité de la mort de papa sur mes épaules, bien sûr, mais j'ai gardé ce petit doute, comme un poids permanent qui a fini par s'incruster et faire partie de mon être.

***

Pendant des années, j'ai continué à exprimer ma révolte à travers mes différents choix de vie. D'abord, les partys. Je jouais au basket dans l'unique but de m'amuser. Je n'en faisais qu'à ma tête, à un tel point que le *coach* m'avait surnommée France « Oui-mais » Gauthier. Je possédais tous les arguments pour me justifier et je détestais passionnément l'autorité. J'ai fini par me faire mettre à la porte de l'équipe AAA, au cégep, parce que j'exerçais une influence de fête trop forte sur les autres joueuses !

Plus tard, au début de la vingtaine, j'ai aussi balancé mes rêves de devenir médecin. Avec les années, je m'étais convaincue qu'être « docteur » représentait le seul métier honorable à exercer pour moi. Il n'y avait par conséquent aucun autre chemin pour une fille de radiologiste et d'infirmière qui accumule les bonnes notes à l'école. J'ai fait un bac en sciences de la santé dans le but d'entrer à la faculté de médecine. En milieu de troisième année cependant, j'ai réalisé, après une grande période de confusion, que je ne pouvais pas affronter les responsabilités de la profession. Je fonds en larmes dès que je mets les pieds dans un hôpital ou que je vois des gens malades. Et quand quelqu'un me parle de son cancer, il me pousse automatiquement des métastases. J'affirme même à la blague que je ne suis pas hypo, mais bien «hyper-condriaque». Pas fort!

Par la suite, j'ai évalué que j'avais deux talents : une grande gueule et une certaine facilité pour l'écriture. À l'âge de seize ans, j'écrivais déjà des chansons, la nuit, question de faire capoter ma mère qui me répétait sans cesse de finir mes études avant de choisir la scène. J'ai finalement opté pour le journalisme, métier qui allait mettre du beurre sur mon pain, «plus que le *show-biz*», croyais-je à ce moment-là. À l'âge de vingt-trois ans, j'ai acheté mon premier journal et me suis inscrite à l'Université de Montréal, en information et journalisme. Deux ans plus tard, je décrochais un emploi comme reporter à Télé 7, à Sherbrooke.

À l'exception du *burn-out* que j'ai fait pendant toute l'année de mes trente-trois ans, en partie parce que je n'avais pas soigné mes vieilles blessures du passé, le reste de ma «palpitante existence» m'apparaît entièrement non pertinent pour la compréhension de ce qui suit.

La rencontre

Au moment où j'entre dans son bureau, la médium ne connaît rien de ma vie. Rien non plus sur mon père, si ce n'est qu'il est décédé depuis plusieurs années. La pièce n'est pas plus grande que la salle d'attente, mais très chaleureuse et propice à l'échange. Madame M. m'invite gentiment à prendre place en face d'elle, sur un canapé douillet disposé en angle devant une grande fenêtre voilée par un rideau plein jour. Je m'exécute, croisant instinctivement mes pieds sous mes cuisses pour les réchauffer. Elle s'assoit à son tour en indien, sur son fauteuil de travail, et ferme les yeux un court instant avant de commencer la séance.

«Ton père est ici, France. En fait, il est là depuis que je suis levée, ce matin.»

J'essaie d'avaler, mais je n'ai plus de salive. Un signe indéniable de grande nervosité chez moi. Ça m'arrive aussi en situation de trac intense à la télé. Dans le cas présent, le sentiment est plus difficile à décrire. Une sorte d'angoisse, l'impression de retrouver un vieil ami perdu de vue depuis longtemps à qui j'ai peur de ne pas savoir quoi dire. Probablement un réflexe de fille qui ne tolère pas le silence. C'est pourtant mal connaître le savoir-faire de la médium et ignorer complètement le rituel qui s'y rattache. Ici, les vivants écoutent la voix des morts qui s'expriment à travers le canal de Madame M.

« Avant de te parler de ton père, enchaîne-t-elle, je t'informe qu'il n'est pas seul. Il y a aussi une femme, petite, plus âgée que lui, qui me fait signe avec son index sur la bouche qu'elle se fera discrète. Elle veut seulement assister à ces retrouvailles, elle trouve ça trop beau. Elle affirme t'aimer beaucoup… comme sa propre fille… qu'elle était un peu une mère pour toi. »

Je suis prise d'un vertige instantané. J'ai omis de vous dire que Lucienne est morte au printemps 1999. L'été précédent, j'étais allée la « placer » dans une maison pour personnes en perte d'autonomie, à Maria. Sa sœur cadette, qui habite aussi en Gaspésie, n'arrivait pas à lui faire entendre raison. Ma nounou avait survécu à un troisième A.C.V., mais elle restait lourdement amoindrie par cette attaque. Peu mobile, elle ne pouvait plus vivre seule. J'étais donc partie de Montréal avec maman et mon bébé de sept mois, encore au sein, dans le but avoué de convaincre « ma deuxième mère » que c'était la meilleure chose à faire pour sa propre sécurité. Comme j'ai la culpabilité facile, j'avais littéralement l'impression de l'envoyer à l'échafaud. Quand je l'ai amenée à sa maison, une dernière fois, pour chercher ses effets personnels, ça m'a crevé le cœur tellement elle pleurait. Lucienne savait qu'elle n'y remettrait plus les pieds. Moi aussi, je le savais, malgré mes efforts pour lui trouver de l'aide à domicile. Cette maison, où elle avait grandi, était toute sa vie. Je suis repartie, la mort dans l'âme, ne sachant pas si j'allais la revoir vivante. Elle s'est éteinte en juin de l'année suivante, quelques semaines après que je lui ai parlé une dernière fois, au téléphone, pour son anniversaire.

« Elle te remercie de l'avoir aidée à partir en paix, ajoute la médium, sans soupçonner l'impact de ces quelques mots. Elle dit que tu n'as pas à t'en faire, qu'elle te prend par la main. »

Je ne peux retenir le flot qui monte violemment, comme la lave d'un volcan cherchant la sortie la plus proche. Ça commence mal, je suis là depuis trois minutes à peine et je pleure déjà comme une Madeleine. Allô le professionnalisme !

« C'est ma nounou, elle s'appelle Lucienne », dis-je péniblement entre deux sanglots. « Elle aimait tellement mon père… C'est beau, vous avez mon attention, vous pouvez continuer. » Je réaliserai beaucoup plus tard que tout s'est joué à ce moment précis. En entendant ces paroles lourdes de sens pour moi, et pratiquement sans signification pour Madame M., j'ai retrouvé ma foi. Pas ma foi catholique, ma foi en la Vie, sous toutes ses formes. Pour l'instant, j'ai quand même l'impression de vivre un grand moment de vérité. Une étrangère ne peut pas connaître ces détails précis sur mon enfance. Quoique… une petite enquête… tout est possible finalement ! J'ai aussi le doute facile.

La médium me donne ensuite une foule d'informations pour mieux identifier l'autre âme qui se manifeste en ma présence, un genre de preuve qu'il s'agit bien de mon père.

« Je le vois assis dans un immense espace vert qui ressemble à un golf, entouré de montagnes et de lacs. Il tient sur ses genoux tes deux enfants. Il comprend que tu aurais aimé le voir jouer avec eux. Il veut que je te dise qu'il le fait là-haut. »

Autre pincement au cœur. Et elle sait que j'ai deux enfants, en plus ! Madame M. me décrit la scène à laquelle elle assiste grâce à son canal. Elle « voit » mon père, comme s'il était toujours vivant, s'amusant à faire sauter mon garçon et ma fille sur ses cuisses. Cela m'apparaît incroyable de vraisemblance. Vrai aussi que je me sens souvent mélancolique à l'idée qu'il manque tout ça, qu'il ne connaîtra jamais ses petits-enfants. En plus, papa était un grand amateur de golf et de pêche. Il adorait partir avec ses amis ou en famille taquiner la truite et le saumon. Mes sanglots se font plus intenses.

« Il dit qu'il aimerait beaucoup donner une tape dans le dos à ton chum. Ton père l'aime bien, ce gars-là. Il veut que tu saches que c'est lui qui l'a mis sur ta route. »

Ça tourbillonne dans mon esprit. Mon conjoint est un ancien champion de golf, maniaque de pêche et il ressemble beaucoup à mon père, autant physiquement que mentalement. J'affirme toujours haut et fort, en rigolant pour m'en sortir élégamment, qu'il est mon complexe d'Œdipe pas réglé. Mais cette révélation change la donne, en partie du moins. J'ai rencontré mon amoureux au Festival de la Santé, en mai 1995. J'avais été engagée comme artiste invitée pour faire les trente-cinq kilomètres de vélo. C'est encore Yannick, d'ailleurs, qui m'avait demandé de participer à cette émission spéciale de TVA. Décidément, celle-là, elle semble avoir été placée sur ma route pour « booker » ma vie ! J'étais jumelée au comédien Donald Pilon, dont l'esprit compétitif plutôt aiguisé, à l'époque, le motivait à s'entraîner, au bas mot, quatre jours par semaine. Le départ se faisait sur le pont Jacques-Cartier avec cinq mille cyclistes derrière nous, des caméras de télévision et des bénévoles. Au coin de De Lorimier et Ontario, bye, bye, j'ai perdu Donald de vue, déterminé qu'il était à arriver en tête du peloton. Il ne me restait qu'une chose à faire : jaser avec les gens qui me dépassaient pour tuer le temps. À un moment donné, un beau gars m'a doublée et je lui ai lancé instinctivement une niaiserie du genre : « Eille, t'as pas le droit de me dépasser, c'est pas bon pour mon image ! »

« T'es qui toi ? » m'a-t-il répondu du tac au tac. Mon futur chum travaillait comme bénévole pour assurer la sécurité des cyclistes inscrits à l'activité. Au lieu de s'occuper des gens en panne, il est plutôt resté à mes côtés toute la journée... tant pis pour les accidents qui ont pu se produire au cours de la randonnée. Et il ne m'a pas quittée depuis. J'ai raconté longtemps à mes amis que cette coïncidence ressemblait à « un cadeau du ciel ». Je n'avais jamais si bien dit ! Il paraît que le hasard, c'est la forme que prend Dieu pour passer incognito (Jean Cocteau). Je comprends seulement aujourd'hui le sens de cette allégorie. Mais est-ce dire aussi que l'âme de mon père, errant au-dessus des golfs et des lacs du Québec, s'était donné la mission purement altruiste de me dénicher un golfeur-pêcheur à son image pour me faire des enfants ? Rendu là, tout est possible, je suppose !

Je sens que je vais exploser. Et ça ne fait que commencer. La médium enchaîne les paroles de papa, ponctuées par de grandes respirations, les yeux fermés, question de rester bien branchée.

« Il se frappe la poitrine de sa main droite, me montre son cœur brisé et dit qu'il n'a pas tenu le coup. Est-ce qu'il est mort du cœur ? » Je réponds « non » de la tête. Elle continue. « Non... Attends... Il me parle de dépression depuis le matin. Est-ce qu'il s'est suicidé ? »

Je ressens toujours un choc quand j'entends le mot « suicide ». Je réponds un petit « oui » étouffé. Madame M., en bonne thérapeute, prend le temps de me réconforter et referme les yeux pour capter la suite.

« C'est pas à cause de la famille. Il était entouré de femmes, vous étiez cinq à la maison… vous êtes trois filles chez vous ? » me demande-t-elle entre deux confidences un peu décousues de mon père. Je confirme ; elle poursuit.

« Il a été très gâté par la vie. C'est la performance qui l'a tué. Il veut que tu chasses toute cette culpabilité qui te ronge. »

Je devrais avoir mille questions à poser, mais je suis tétanisée. Perte de contrôle totale. Je me retrouve malgré moi en mode réception, sans pouvoir réagir. La phrase ultime que je voulais entendre de la bouche de mon père depuis vingt-cinq ans vient d'être prononcée par une presque parfaite inconnue. Comment peut-elle savoir ce détail pointu de ma vie ? La culpabilité. La fameuse culpabilité. J'en suis venue à penser que c'est mon moteur, mon carburant dans la vie. La médium n'a peut-être au fond qu'une vague idée sur quelle corde sensible elle joue en prononçant chacun de ces mots. Elle transmet simplement et le plus précisément possible l'information qu'elle capte, vérifiant de temps à autre si cela fait sens pour la personne en face d'elle. C'est son métier après tout.

Elle ferme les yeux à nouveau. « Il sait que tu as eu honte de lui au début, que tu ressentais un profond malaise à parler de son suicide. Tu es l'enfant qui lui ressemble le plus. Il veut t'éviter la souffrance qu'il a vécue et la finalité aussi. »

Ne laisse pas la performance ruiner ta vie, ma fille.

Je ne sais plus très bien qui parle, Madame M. ou mon père. Ça va trop vite dans ma tête, j'ai de la difficulté à emmagasiner toute cette matière que la médium déverse à une vitesse affolante. J'essaie de respirer entre mes sanglots ininterrompus, mais je ne réussis pas très bien. Je voudrais que le temps s'arrête, que je puisse digérer, intégrer tout ça. Revenir la semaine prochaine peut-être ? Madame M. ne peut ralentir, elle est la messagère de mon père. Et il a été pressé toute sa vie !

« Il se revoit sur son lit à l'hôpital, se souvient des dernières heures. Il savait que c'était fini. »

Autre choc, détail important qui confirme une fois de plus que c'est bien J.P. qui souffle les lignes à la médium. Mon père est effectivement mort à l'hôpital, vingt-quatre heures après avoir posé son geste irréversible. Les médecins avaient même donné un peu d'espoir à ma mère. Mais le Grand Horloger en a décidé autrement.

« Il avait la foi et se voyait partir pour la Vie éternelle », ajoute Madame M.

« Ton père veut te rassurer. C'est la fin de générations de souffrance. Ça s'arrête ici. Tes enfants sont parfaitement équipés pour être heureux. »

« Il y a beaucoup de moi dans ton fils, c'est un vrai bouffon, me dit encore la médium comme si elle parlait directement à la place de J.P. Et Lucienne est l'ange gardien de ta fille. Ta petite ne parle pas encore, mais tu n'es pas au bout de tes peines avec elle. Lucienne était une artiste qui n'a pu se réaliser dans sa vie antérieure. Elle va le faire à travers ta fille. Ton bébé, qui a des millions de projets, va parler très bientôt... elle a beaucoup de choses à dire. »

Je ne connais pas encore, à ce moment précis de l'histoire, les talents de clairvoyance de la médium. Pour l'instant, c'est bien vrai, le langage de ma puce de vingt mois est encore très peu développé et cela m'inquiète, surtout parce que plusieurs enfants dans mon entourage ont des retards de langage importants. Aussi, je trouve ces paroles réconfortantes et je veux les croire. (Comme promis, ma fille se mettra à débouler des phrases complètes vers l'âge de vingt-quatre mois…)

Madame M. fait une pause. Puis, sans prévenir, elle pouffe de rire.

« Pardon, bafouille-t-elle, je vois bien dans quel état tu es, mais… y'est drôle ton père, un véritable conteur. Je peux t'assurer qu'il est heureux là-haut. Il me raconte des jokes… une belle personnalité, très conviviale. Il me fait un clin d'œil et me dit depuis tantôt que je suis une "saprée belle femme" ! »

Voilà ! Je n'ai pas besoin d'en entendre plus, je sais maintenant hors de tout doute qu'il s'agit bel et bien de J.P. Gauthier, mon père. Le charmeur, le « raconteur », un des hommes les plus drôles que j'aie connus est bien ici, avec moi, en ce matin glacial mais ensoleillé du 2 février 2002. Tous ceux qui ont connu mon père le reconnaîtront aussi par cette simple mais combien éloquente description.

Je suis convaincue, convertie même. Ça n'arrête pas mon père pour autant, qui poursuit sur sa lancée de confidences. Il en met plus que le client en demande, comme cela a toujours été son habitude. On dirait qu'il tient à dissiper les quelques doutes qui pourraient subsister dans mon esprit. Aussi, il me fait des révélations inattendues, certaines que je ne peux dévoiler par respect pour ceux qui sont toujours vivants. En voici tout de même une… Il admet, entre autres, avoir eu de la difficulté à contrôler la boisson.

« Il aimait trop prendre un verre », lance la médium.

C'est une faiblesse que je ne lui connaissais pas, mais ma mère me le confirmera le soir même. J.P. avait en effet un problème d'alcool qu'il avait réussi à nous cacher, à nous, ses trois filles, pendant toutes ces années. En fait, je me souviens avoir vu mon père saoul une seule fois dans ma vie, au mariage d'un de mes cousins. Cela a pourtant été une source de grande peine pour ma mère, qui ne nous en a jamais soufflé mot. Quelle maturité, et quel amour elle voue toujours à son mari !

Papa insiste ensuite pour parler de ma santé. « Il te sent très fatiguée, une fatigue immense. Comment ça va ? me demande Madame M. à brûle-pourpoint.

— Euh… y'a-tu des mères de famille avec des jeunes enfants qui ne sont pas épuisées dans la vie ? » C'est ma façon de contourner les questions embarrassantes : je tourne tout en dérision. Je tiens aussi cette arme de défense de mon père. Je sais pertinemment qu'il fait référence à mon *burn-out* qui a laissé quelques séquelles, mais j'évite le sujet.

La médium m'amène ensuite habilement à échanger sur ma relation de couple. Elle me décrit d'abord le père de mes enfants comme si elle le connaissait depuis trente ans et me prodigue quelques excellents conseils, comme ceux d'un père à sa fille. Car je présume que c'est encore lui qui souffle les bons mots.

Mon histoire pourrait s'arrêter là. Mais ce n'est pas l'intention de J.P. Il a un message important à me livrer, à moi, et aussi à tous ceux et celles qui veulent bien le recevoir.

La lettre

M adame M. n'a pas toujours été messagère de l'au-delà. Elle a travaillé en communication et dans la vente avant de recevoir son premier message, celui d'un grand ami, décédé quelques années auparavant. Elle était tout bêtement en train d'écrire une adresse sur une enveloppe lorsqu'elle a plutôt gribouillé une phrase qui ne faisait aucun sens... jusqu'à ce qu'elle ajoute des barres sur les « t » et des points sur les « i ». Elle pouvait ainsi déchiffrer la dernière ligne. Sans l'ombre d'un doute, c'était bien son ami disparu qui lui donnait signe de vie.

Madame M. a d'abord pensé devenir folle. Elle n'osait même pas en parler à ses proches de peur de voir les infirmiers d'un institut psychiatrique quelconque débarquer chez elle avec une « camisole de force ». La nouvelle médium a finalement attendu trois longues années avant de se rendre à l'évidence qu'elle devait en faire un métier, les besoins sont si criants. Ainsi, elle canalise des communications d'âmes de défunts qu'elle retranscrit de façon automatique. Et la clarté des messages s'avère étonnante. Bien sûr, elle a raffiné son art avec les années, mais c'est avant tout un don. Un don du ciel, si on peut dire !

Toutefois, Madame M. admet qu'elle n'a aucun pouvoir sur la présence de telle ou telle autre âme qui demande à utiliser son canal. Ce sont elles qui décident. En clair, la médium accueille les esprits voulant bien se manifester au moment où quelqu'un entre dans son cabinet. Le reste est presque une question de routine. Après avoir identifié qui sont les défunts présents, elle demande à la personne en consultation de s'étendre sur le canapé et elle écrit, d'un jet, sans rature, sans hésitation. C'est ce qu'elle a fait avec moi.

« Avant de te coucher pour méditer en pensant aux êtres chers qui te contactent aujourd'hui, France, ton père insiste pour que je te dise que les suicidés ne vont pas en enfer. Ils trouvent la Lumière, comme les autres. Tu lui as pardonné et il t'en remercie. »

Je recommence à pleurer. Je m'étends avec ma boîte de papiers-mouchoirs et j'essaie tant bien que mal de penser à papa et à Lucienne, sans laisser mes idées vagabonder. Mais je suis plutôt hantée par ma chronique. Comment vais-je pouvoir parler de ces choses-là à la télévision ? Quelle conne ! Non mais, qu'est-ce que je croyais ? Être plus forte que le phénomène ? J'aurais dû dire non ; je ne pourrai jamais être objective. Je vais me faire tuer par mes sœurs, ma mère… et une de mes tantes qui m'a avertie qu'elle me renierait si je croyais à ces choses-là ! Je ne me sens plus trop bien tout à coup.

« Bon, assez, pense à ton père, France ; ne gâche pas ce moment magique », me dis-je tout bas.

J'essaie en vain de me convaincre. Après seulement huit secondes, me voilà repartie dans mes réflexions. Je vais aller voir Claire Lamarche et m'excuser de la laisser tomber. Je ne peux pas faire une émission là-dessus. C'est beaucoup trop intime. Ma crédibilité. Ma carrière. Ma, ma, ma… et tout le reste !

Parfois, je réussis à calmer mes pensées pour écouter Madame M. écrire. Elle n'arrête jamais. Tout au plus prend-elle quelques secondes pour reposer sa main, puis elle pousse une expiration typique de l'effort soutenu et reprend le boulot. Au bout de trente longues minutes à me torturer l'esprit, elle m'annonce enfin qu'elle a terminé.

«C'est drôle, il écrit tout ça comme si la vie était un match de hockey, période par période, et lui, c'est le *coach*», lance-t-elle avant de me lire la lettre, toujours sans se douter de l'ampleur que prend cette nouvelle information pour moi. Ce n'est pas un match de hockey, c'est une partie de basket-ball, mais la médium ne connaît pas non plus cet aspect-là de ma vie.

Je suis toujours aussi tendue, comme une femme de soldat parti à la guerre qui attend le facteur depuis vingt-cinq ans.

«Ton père a beaucoup insisté pour que je note la date, le 2 février 2002. Ça semble très important. Il m'a aussi demandé de te dessiner un cœur et d'écrire à l'intérieur *À ma fille ! Je t'aime pour l'éternité !*

Qui aurait cru qu'un jour je pourrais venir t'écrire cette lettre d'amour, mon Ange. Ton papa bouffon, stressé, orgueilleux et workaholic n'a pas pu tenir le coup. Mais on ne meurt pas, ma grande, on poursuit notre route et on grandit toujours. L'Âme ne peut pas régresser. Je t'aime tant, j'aurais aimé avoir su te le dire plus souvent, plus clairement. J'étais entouré de femmes, j'ai reçu beaucoup tu sais ! C'est pas de votre faute si j'ai disjoncté, ma fille. C'est pas ta faute si j'ai pas tenu le coup, France. Je sais que tu t'es longtemps demandé si je pouvais faire une chose pareille et t'aimer à la fois ! Ah ! Chère petite mère, si tu savais à quel point j'ai eu de la misère à me pardonner moi-même ce geste. De l'au-delà, j'ai pu intervenir dans vos vies. C'est pour ça que je te disais au début que je suis venu te coacher ! Pas te booster pour que t'en fasses plus... te coacher pour que tu puisses t'en aller sur le banc, te reposer. Pas parce que t'es pas bonne... au contraire, pour aller te refaire une énergie.

Tu as une belle vie, ma grande. Deux petits enfants merveilleux, pleins de vie, d'amour. Ils sont tout équipés pour cette incarnation et ils t'aiment d'un amour pur et inconditionnel. À travers ton petit garçon, je viens te rappeler que « Je » suis bien vivant et très heureux. Ne serait-ce que d'habiter dans ton cœur, pour moi, c'est une grande libération. Tu m'as pardonné. Merci. Tu es une grande dame, France Gauthier...

J'étouffe un nouveau sanglot. Madame M. termine son travail de lectrice.

Aujourd'hui, tout ce que je souhaite, c'est que ce message te redonne ta belle joie de vivre, ta spontanéité, ton humour, ta créativité et, surtout, l'Amour de toi, belle France. Va en paix avec la certitude que la mort n'est pas une fin en soi. Je serai toujours là pour toi. Je te demande de prendre soin de toi. C'est le plus beau cadeau que tu peux faire à tes enfants. C'est celui que j'aurais aimé pouvoir te faire.

Lâche prise sur la vie des autres et occupe-toi de la petite fille de seize ans en toi. Dis-lui que je ne l'ai pas abandonnée et que tu es là pour elle aussi.

Je sourcille en entendant «seize ans», ce qui m'apparaît comme une imprécision de taille, mais je n'interromps pas la lecture.

Il y a un beau projet sur la table. Il est gros ! Tu es à la hauteur, n'en doute pas. Assure-toi de faire une pause, intérieurement et physiquement. Tu es dans la bonne voie. Et tu es une maman merveilleuse, même si tu en doutes parfois. Perdre patience, France, ça veut dire qu'on ne pose pas nos limites au fur et à mesure !

C'est le début d'une longue série! (Merci, chère madame. Vous êtes pas juste belle en dehors, vous êtes pleine de lumière en dedans. Je vous admire. Lâchez pas.)

Bye ma grande, à la prochaine, on réglera pas tout aujourd'hui... Prends ton temps. Paix et amour.

Papa xxx

Ouf! Quoi dire après une telle douche d'amour pur? L'Amour de l'âme, celui qui ne connaît ni ego, ni orgueil. L'Amour à l'essence même, au début, celui du nouveau-né, sans blessure, sans armure.

Jamais mon père n'aurait pu me parler de la sorte de son vivant. Il fallait qu'il soit mort depuis vingt-cinq ans pour atteindre une telle pureté des sentiments. Bien sûr qu'il nous aimait plus que sa propre vie, je n'en ai jamais douté, mais sa maladie biaisait son jugement et son comportement. L'éducation qu'il avait reçue dans une famille conservatrice et bourgeoise des années trente et quarante jouait aussi un rôle déterminant, tout comme le filtre des mœurs de l'époque. Mon père ne nommait pas les choses. Il les faisait. Nous sentions son amour à travers les activités sportives où il nous traînait tous les week-ends, les longues soirées collées sur lui à regarder le hockey en famille, les nombreux voyages et les camps de vacances. Il se réalisait dans l'action comme la majorité des hommes, encore aujourd'hui d'ailleurs. C'est quand il jouait à la «lutte Grand Prix» avec ma plus jeune sœur et moi, le samedi matin, que je sentais le plus son amour. Il semblait tellement heureux; j'entends encore ses éclats de rire qui ne me quitteront jamais. Aujourd'hui, je sens l'Amour du Père, celui qui me protège même d'en haut, sur son étoile. Une Lumière qui m'éclaire. Merci! Et j'ai enfin liquidé une partie de ma peine, cette rivière de larmes que j'avais sciemment refoulée depuis l'adolescence.

Je reprends mon souffle. « C'est le début de la guérison, conclut la médium. Difficile de croire en Dieu quand ton père s'est suicidé. Tu ne t'abandonnes jamais complètement. Il y a une grande avidité en toi qui t'épuise. Ce besoin de tout faire, tout comprendre, rien manquer, te vide. Prends le temps de relire souvent ta lettre, tu vas y découvrir un sens nouveau avec le temps. Peut-être comprendras-tu certains passages dans six mois ou plus même. Sois patiente. »

Je m'apprête à me lever lorsqu'elle reprend : « Encore une chose… ton père te dit qu'il se sent près de toi quand tu es seule en voiture. Autrement, ton esprit voyage tous azimuts, tout le temps. Reste attentive aux signes. »

Il me vient une seule question. Pourquoi me parle-t-il de sa petite fille de seize ans, alors que j'en avais quatorze quand il est mort ? Madame M. n'a pas de réponse précise. Peut-être est-ce le moment où j'ai commencé activement à réagir à son départ, où j'ai vécu le plus gros de ma révolte ? J'ai tant de choses à décanter.

Normand

Avant de me quitter, la médium insiste pour me recommander une thérapeute qui va m'aider à digérer ce lot de révélations et, surtout, à guérir mes blessures. Je la remercie de tout mon cœur et je sors de son petit bureau, devenu immense tout à coup, le cœur léger, les yeux bouffis. Je traverse à la course la rue principale de la ville pour rejoindre mon amie au bistro.

«Pauvre toi, ça a été pas mal plus long que prévu», lui dis-je en la voyant attablée depuis deux heures, à m'attendre patiemment tout en sirotant un petit café et en feuilletant sa grosse *Presse*.

Devant mon air déconfit, Yannick me fait une moue compatissante, comprend vite que ce n'est pas le temps de jaser et se sauve en courant pour ne pas faire languir Madame M. trop longtemps. Me voilà enfin seule avec moi-même, feuilles blanches et stylo à la main.

Il est plus de midi, mais je n'ai pas faim. Intarissable, je noircis du papier pendant une autre heure ou plus, je ne sais pas, je perds la notion du temps. J'écris à chaud tout ce que mon père m'a raconté à travers le canal de l'incomparable médium. Je ne veux rien oublier. Pour la chronique… que je ne ferai sans doute pas, mais surtout pour moi. C'est que Madame M. n'accepte pas les enregistreuses dans son bureau, cela l'intimide ou brouille les ondes, un truc comme ça. Peu importe, j'ai une excellente mémoire à court terme, aussi fiable qu'un ordinateur high-tech dernier cri. Je note donc dans l'ordre, parfois dans le désordre, chaque mot, chaque phrase, avec un souci de précision digne d'une archiviste.

✳✳✳

Yannick se pointe au café (il me semble qu'elle vient tout juste de partir) avec la même expression que je devais avoir deux heures plus tôt. Ouch! J'espère que je n'avais pas l'air de ça au moins, genre visage tuméfié par l'émotion et l'étonnement! Sans doute que... oui, à bien y penser, mais tant pis! Je range soigneusement mes nombreuses feuilles dans mon sac et nous décidons de reprendre illico la route vers Montréal. Le trajet ne pourra jamais être assez long pour raconter l'immensité de ce que nous venons de vivre toutes les deux.

«Commence», dis-je à Yannick dès que nous rejoignons l'autoroute. Je tiens à ce qu'elle me raconte son histoire en premier parce que je possède des indices sur l'information qu'elle a pu recevoir. En effet, pendant ma consultation Madame M. m'a demandé: «Normand, le nom Normand, ça te dit quelque chose? J'entends ce nom depuis le matin aussi.» J'ai fait l'innocente, bien sûr, pour ne pas lui fournir de munitions. Encore mon côté journaliste de faits divers qui ressort! Or, je sais pertinemment que Normand, c'est l'ex de Yannick, LA raison pour laquelle elle a voulu m'accompagner ce matin.

« Ça doit être pour ta copine, d'abord », s'est excusée la médium avant de poursuivre avec le message de mon père. Malgré mon regard imperturbable de bandit de grands chemins, j'en suis restée estomaquée. Elle connaissait même son prénom ! Je comprendrai plus tard que ce n'est pas toujours le cas. Les âmes ne s'identifient pas nécessairement par le nom de leur dernière incarnation.

« Je suis ressortie avec trois lettres, me confie Yannick. Une première de mon père pour moi, une deuxième pour ma mère et une troisième de Normand. »

Mon amie est dans un tel état de choc qu'elle déballe son sac dans un fouillis prévisible. Ce qui vient le plus me chercher, c'est le début de son récit. Lorsqu'elle est entrée dans le bureau, Madame M. l'a tout de suite avisée qu'il y avait un homme assis, les coudes sur les genoux et le menton appuyé sur ses poings, faisant signe de la tête que « non, il ne comprend pas pourquoi il est mort ; c'est de la négligence, c'est un accident. Il dit qu'il s'appelle Normand ».

Et re-vlan ! Yannick a eu droit au même traitement que moi, les mêmes montagnes russes d'émotions, tantôt exaltantes, tantôt de grande tristesse. Nous avons beau les comparer, rien dans nos lettres ne se ressemble. Pas un mot qui pourrait nous faire croire que le vocabulaire est recyclé, qu'il y a des phrases toutes faites ou des formules que la médium utiliserait pour convenir à tout le monde. Le style, la forme, le langage de chacun des messages sont uniques et collent à la personnalité des défunts. C'est surréel. Yannick n'a plus aucun doute, nous avons eu le grand privilège de rencontrer l'autre Dimension !

J'en suis convaincue, moi aussi. Même si le FBI, la CIA et le service de renseignements canadien travaillaient pour elle, Madame M. ne pourrait pas savoir tout ce qu'elle nous a raconté. Il me reste tant d'interrogations cependant, tant de questions laissées sans réponses que mon esprit s'embrouille quand j'essaie de comprendre. Je suis comme ça : je dois savoir comment ça marche. Comme pour les micro-ondes, les satellites, les champs magnétiques. Il doit y avoir une explication. La médium m'a pourtant mise en garde pendant la consultation : c'est justement cette soif insatiable de connaissances qui m'épuise dans la vie. Je ne vais pas me guérir en quelques heures de cette bonne vieille habitude tout de même !

Je vois bien pourtant que certains principes se recoupent. Ça devrait me contenter puisqu'ils m'apportent une forme de preuve, si on veut, que les propos de mon père sont plausibles. Quand Normand dit, entre autres : *On ne meurt pas, Yannick, on voyage d'un corps à l'autre. J'ai été très surpris de me voir décédé.* Normand est mort sur le coup quand l'autobus qu'il conduisait est entré en collision avec un autre véhicule. Il n'a eu aucune chance de réagir. Voilà pourquoi il raconte avoir « été surpris de se voir décédé ».

J'ai beaucoup d'analyse à faire, mais pas maintenant. Je me sens comme si je venais de courir un marathon. Vous savez, cette grande fatigue à la fois douloureuse et gratifiante. C'est surtout physique. Tous mes muscles me font mal, principalement ceux du cou et des épaules. Comme si je portais un poids de vingt-cinq kilos sur mon dos, depuis des années.

Et j'ai tant de choses à faire. D'abord appeler ma mère, mes sœurs, vérifier ensuite si les révélations de mon père sont exactes, parler à mon chum... il va me prendre pour une folle. Comment expliquer ce que je vis ? La tâche me semble gargantuesque. Pourquoi me suis-je encore foutue dans un tel pétrin ? Je n'ai personne à convaincre, au fond. Ah oui, c'est vrai, il y a Claire, quand même, et quelques centaines de milliers de téléspectateurs ! Détail. Je dois imaginer tous les scénarios possibles dans ma tête, au cas où je rencontrerais de la résistance. Je vous jure que c'est fatigant d'être faite comme moi. Pas de tranquillité d'esprit. Je suis attaquée de tous côtés par le doute, puis, deux secondes plus tard, je retrouve ma confiance légendaire en la vie. Ce ne sont pas seulement les montagnes russes, c'est La Ronde au complet à la puissance 222.

Claire

Quand j'entre à la maison, mon chum et les enfants sont partis. Ils ont profité de l'occasion pour aller passer le week-end dans ma belle-famille, à l'extérieur de Montréal. Une bénédiction. Après avoir supplié Yannick de dormir chez moi parce que je suis terrifiée à l'idée de rester seule avec toutes ces « âmes errantes », j'appelle mes deux sœurs pour partager mon aventure inouïe. Tour à tour, elles écoutent mon récit, bouleversées. Elles pleurent et rient avec moi au téléphone. J'aimerais les voir, les serrer dans mes bras, mais elles habitent, tout comme ma mère, dans la région de Québec.

J'hésite un peu avant de décrocher le combiné pour composer le numéro de téléphone de maman. Comment va-t-elle réagir ? Son amoureux, son petit mari chéri est bien vivant, quelque part dans l'invisible. Elle y croit depuis toujours, pourtant, mais de là à en avoir une manifestation authentique ? Je ne sais même pas si elle lui a pardonné son geste désespéré. Ce sujet est plus sensible pour ma mère, vous comprenez ? À l'âge de quarante-six ans, elle s'est retrouvée seule avec trois adolescentes en pleine crise, abandonnée par un homme souffrant qui ne trouvait pas le courage de continuer. Maman a eu beaucoup de difficulté à s'en remettre. Un jour, elle m'a confié avoir vécu une grande révolte avant de décider de refaire ou plus exactement de poursuivre sa vie. Cinq longues années à faire semblant de ne pas souffrir pour ne pas nous inquiéter. Cinq ans à chercher un autre sens à son existence. Cinq ans pour digérer l'indigeste sans pouvoir vraiment l'accepter.

« J'ai jamais compris pourquoi il a fait ça, il y avait tant d'autres solutions. »

Ma mère est une femme secrète qui ne livre jamais le fond de sa pensée, encore moins ses émotions. Aujourd'hui, elle s'ouvre pour une des premières fois avec moi et confirme tout ce que j'ai découvert à travers le canal de la médium. Au bout du fil, elle se montre très réceptive aux confidences de J.P. et me remercie de partager cette expérience unique avec elle.

Il ne me reste qu'à lâcher prise, comme me l'a si bien conseillé mon père. J'ai pourtant encore le choix. Je peux décider de douter, de trouver des failles pour justifier mes incertitudes et surtout celles des autres, de tout tourner en dérision comme toujours. Ou bien je peux m'abandonner, accepter l'incompréhensible, c'est-à-dire un phénomène que je ne peux prouver de façon indubitable — du moins pas avec les outils scientifiques dont on dispose —, mais qui existe pour moi, maintenant, avec certitude.

✿✿✿

Dans les jours qui suivent, je passe un temps fou à raconter mon histoire à tous ceux qui m'entourent, comme si j'avais encore besoin de m'en convaincre. D'abord à mon chum, qui m'écoute avec grand respect en dépit de ses convictions personnelles. Il ne m'avoue-rait jamais croire en ce que j'affirme, ce serait contre ses prédispositions-cartésiennes-très-masculines-de-financier-fils-de-comptable-agréé, mais il insiste pour que j'en parle avec ses sœurs qui, elles, sont très ou-vertes à ce genre de phénomène. «Ça leur fera du bien», déclare-t-il sans se justifier.

Un truc me dérange, toutefois. Que je sois en train de discuter de ma rencontre peu commune avec des proches ou de changer la couche de ma fille, j'ai le sentiment désagréable d'être épiée à temps plein, de sentir des yeux tout autour qui scrutent mes moin-dres gestes. Est-ce que mon père est là en perma-nence à me regarder vivre dans mon intimité? Il me voit quand je baise, quand je crie après mes enfants, quand je colle ma gomme en dessous d'une chaise? Il m'a mieux élevée que ça, évidemment, mais je ne lui fais pas toujours honneur... C'est complètement «capoté», je me sens devenir paranoïaque!

✿ ✿ ✿

Le lundi matin, je prends rendez-vous avec Claire Lamarche pour lui exposer la situation. Je me prépare comme si je devais donner une conférence à des ministres pendant laquelle je ne voudrais surtout pas être prise au dépourvu par manque d'arguments. Je suis décidée à me désister de ce contrat. Je ne vais pas aller raconter les détails les plus croustillants de ma vie et de celle de ma famille devant un demi-million de téléspectateurs et avouer par-dessus le marché que je crois au paranormal depuis... deux jours!

Claire me fait entrer dans son bureau à l'heure convenue. «T'as vécu des moments bouleversants,

France », me dit-elle en guise d'introduction. Claire est une femme exceptionnelle. La générosité incarnée. Et l'ouverture d'esprit grande comme la terre. Je suis mal à l'aise de la décevoir, mais je sais qu'elle va comprendre ; elle comprend toujours. Je déboule mes explications à une vitesse vertigineuse pour l'empêcher de parler, de peur qu'elle me fasse changer d'idée. J'insiste sur le caractère trop personnel de mon entretien avec Madame M., sur mon manque d'objectivité puisque je suis maintenant convertie, sur l'impossibilité de faire un compte rendu journalistique crédible concernant de probables communications avec l'au-delà, bla-bla-bla...

« Parfait, oublie la chronique, tu peux simplement témoigner de ton expérience et t'asseoir en avant avec la médium pour appuyer ce qu'elle raconte. »

Tout est dit. En quelques secondes, Claire m'a habilement convaincue de participer à l'émission tout en augmentant considérablement mon niveau de stress en me foutant à l'avant-scène avec elle et Madame M. « C'est bon, c'est bon », conclut immanquablement l'animatrice quand elle vit un grand moment de satisfaction !

Tout va trop vite en télévision. Pas de place pour les petits états d'âme. Je devrai honorer mes engagements, point final. Évidemment, Claire accepterait de se passer de mon témoignage si j'insistais pour en être libérée. Je pourrais aussi prétexter une incapacité subite à la dernière minute... sauf que quelque chose en moi me dit d'aller jusqu'au bout. Je ne le réalise pas encore, mais mon animatrice me rend service. Pas que ça va être facile. Non, non, non ! J'imagine l'état de choc de ma famille quand je leur apprendrai la nouvelle... Je vais annoncer à tout le Québec que mon père s'est suicidé quand j'avais quatorze ans. Mais eille, soyez rassurés, il va très bien ! Si ça se trouve, il rit, pêche, joue au golf, trouve encore les femmes belles, m'a déniché un chum pour me faire des bébés et se berce depuis avec ses petits-enfants sur son nuage, le dimanche après-midi. Ça ressemble au paradis, pas vrai ?

O.K. J'ai du pain sur la planche. D'abord, je ne ferai pas que relater ma rencontre avec mon père à cette émission, je dois aussi faire la recherche de contenu. En fait, il me faut faire les préentrevues des invités qui ont eu recours aux services de la médium et qui sont prêts à témoigner, à la télé, de leur entretien avec l'au-delà. D'abord, ces deux jeunes mères qui ont perdu un enfant atteint du cancer et qui ont retrouvé le goût de vivre grâce aux magnifiques messages de leurs petites âmes obtenus à travers le canal de Madame M. Une veuve également, un ancien prêtre de quatre-vingt-un ans et une musicienne qui a enfin pu aller au bout de son talent et de ses rêves après avoir reçu l'approbation de son père décédé.

J'ai enfin entre les mains une copie manuscrite du deuxième bouquin de Madame M. où elle relate toutes ces histoires. Je me lance aussitôt dans cette lecture avec un vif intérêt. Parallèlement, la journaliste en moi ne veut pas lâcher le morceau. Je me sens l'obligation de fouiller le passé de la médium et de contacter des gens qu'elle ne m'a pas référés, juste pour être sûre… Autant je veux avoir confiance en ses compétences, autant je me sens portée par la rigueur de mon métier et ma soif de vérité. Et si je m'étais fait avoir comme une débutante ? Ma vie serait ruinée, rien de moins ! C'est mon petit côté dramaturge.

Je dispose de trois semaines avant l'enregistrement de l'émission pour trouver une faille, une brèche, un indice que toute cette entreprise de Vie après la mort n'est qu'illusion. Par le bouche à oreille, je déniche des gens qui ont consulté Madame M. au fil des ans, mais qui ne sont cités dans aucun de ses deux bouquins. En fait, il y a des centaines de personnes, de tous milieux et de toutes professions, qui ont souhaité contacter un être cher décédé. Au cours de mes recherches, je tombe même sur la fille d'une amie de ma mère (rappelez-vous, il n'y a pas de hasard). À quelques mois d'intervalle, elle et son frère ont visité la médium et sont ressortis avec une lettre de leur père, tué dans un accident d'auto peu de temps avant. Ils sont si convaincus d'avoir été en lien direct avec l'âme paternelle que mes questions et mes arguments ne les ébranlent nullement.

Je fais l'investigation des différents cas sans que Madame M. en soit avisée. Personne n'est sortie de chez elle avec le sentiment d'avoir été flouée. Ce n'est pas pour autant garanti à cent pour. cent qu'une ou plusieurs âmes se présenteront au rendez-vous. Au dire même de la médium, il semble que certains clients la consultent uniquement pour tester ses capacités ou «lui chanter des bêtises». À l'occasion, il lui arrive donc de refuser des gens parce qu'ils n'ont aucune ouverture du cœur, aucun sixième sens.

Je tiens à préciser que Madame M. n'est pas la seule au Québec à exercer ce métier peu orthodoxe. Ils sont quelques-uns à posséder ce don et à l'utiliser au service de la guérison des âmes, incarnées et désincarnées. Une autre jeune médium est d'ailleurs invitée à participer à l'émission. Elle est physiothérapeute et pratique sa profession à temps plein tout en recevant des gens, le soir, pour des consultations privées. À l'image de Madame M., cette femme n'a rien d'une sorcière ou d'une ésotérique finie. Cela a quelque chose de rassurant, je trouve.

Aux États-Unis, là où on fait toujours les choses en grand (*big is better*), une chaîne de télé a diffusé, pendant quelques années, une émission hebdomadaire avec le *channel* John Edward. Le médium faisait vivre à des gens du public des rencontres avec des âmes désincarnées, pour le plus grand bonheur de millions de téléspectateurs. Sans toutefois remettre en question les compétences de l'homme, j'admets avoir un petit problème avec ce genre d'émission sensationnaliste où l'animateur canalise en direct, utilisant trop souvent la détresse des gens pour faire un show. Cela dit, plusieurs personnes à travers le monde affirment pouvoir entrer en contact avec l'invisible, le reste étant une profession de foi… ou de vécu.

❁ ❁ ❁

Le jour J de l'enregistrement approche et je n'ai aucun indice me permettant de croire que les pouvoirs de la médium ne sont que pure fumisterie. Je communique régulièrement avec Madame M. pour finaliser les derniers détails avant l'émission, et aussi pour la rassurer. Elle semble très nerveuse à l'idée de cette première apparition à la télé. Je la comprends. J'ai autant le trac qu'elle, mais je ne peux lui avouer : c'est moi, la professionnelle. Sa grande crainte ? Que ça tourne en *freak show*. Ce n'est certes pas notre intention, pas plus que ce serait à notre avantage. Mais elle ne connaît pas les rouages de « notre médium » télévisuel et elle craint qu'on fasse d'elle une espèce d'attraction un peu bizarre. Légitime. Je fais part de ses réserves à Claire et au reste de l'équipe. Quand je lui parle une dernière fois avant son arrivée à TVA, Madame M. paraît rassurée. Elle le sent bien, au fond, tout le monde a à cœur que cette émission soit d'un professionnalisme sans reproche.

L'émission

Le 28 février 2002. L'enregistrement a été planifié pour cet après-midi. Croyez-le ou non, c'est aujourd'hui le vingt-cinquième anniversaire du décès de mon père ; sa mort réelle, je veux dire. Dans les faits, il a rendu l'âme le 1er mars, mais c'est un 28 février, il y a vingt-cinq ans jour pour jour, que J.P. a décidé d'en finir avec la vie. Et je me prépare à aller le raconter à la face du monde…

Certaines personnes dans la famille ne sont pas très fières de moi. Elles croient, à tort ou à raison, que ce que nous avons vécu ne regarde personne d'autre que nous et nos proches. En période de doute, j'ai tendance à leur donner raison, mais dans mon for intérieur, je sais que je ne peux plus reculer, que tout cela ne m'appartient pas entièrement et doit sortir de moi. Mon père est un homme très intelligent. Il n'a pas choisi le « canal » de Claire Lamarche pour rien. Je sais aujourd'hui que je ne suis qu'un porte-voix, une messagère, en quelque sorte, moi aussi. « Ne tirez pas sur le messager », ai-je envie de répondre à mes détracteurs. C'est peine perdue ; le temps fera son œuvre et calmera les esprits, j'en suis intimement convaincue.

Une grande fébrilité règne en studio. Comme si tout le monde avait peur de se planter, sans oser partager ses craintes avec les autres collègues. Habituellement, les sujets tabous n'effraient pas Claire Lamarche; je dirais même que c'est sa spécialité. Mais celui qu'on s'apprête à aborder a suscité à la fois un grand engouement chez les uns et un certain cynisme chez les autres, et toute l'équipe est sur le qui-vive. Plusieurs collègues manifestent le désir de rencontrer la médium en privé avant même de l'entendre à l'émission. Quelques autres se méfient.

Je sens le stress de Madame M. lorsque nous nous croisons au maquillage, avant l'émission. De mon côté, j'ai répété dix fois dans ma tête le bout de l'histoire que je suis prête à partager pour faciliter la compréhension des téléspectateurs. Je dispose d'environ dix à douze minutes pour établir le contexte, énumérer les faits et transmettre les émotions que j'ai vécues. Il faut aller droit au but tout en donnant le plus de détails possible. Cela peut avoir l'air de rien quand on me regarde faire un reportage en direct, mais, chaque fois, c'est un exercice douloureux. Celui-ci ne fait pas exception, bien au contraire, vu le caractère très intime de mon récit.

Tous les invités sont arrivés. La musicienne qui devait faire partie du panel, comme on dit dans le jargon télévisuel, n'est pas au rendez-vous. Elle ne pouvait finalement pas se présenter à l'enregistrement pour des raisons personnelles. Alors que je cherchais quelqu'un pour la remplacer, la semaine dernière, nous avons reçu un courriel d'un jeune homme, Marco, qui, « par hasard », manifestait le désir d'échanger sur le thème de la Vie après la mort, sans même connaître le sujet de l'émission d'aujourd'hui. Je vous laisse en apprécier un court extrait.

« ... *le décès le plus dur à vivre a été celui de ma blonde, victime d'un meurtre gratuit suite à une tentative d'agression sexuelle il y a six ans. Ma croyance face à la vie après la mort m'a beaucoup aidé dans cette épreuve... je n'aime pas le mot "mort", car il sonne comme une fin alors que je crois que l'on vit toujours... Ma blonde, j'ai eu le feeling de ressentir ce qu'elle vivait, où elle était rendue, je l'ai connue heureuse et je la sentais toujours heureuse après sa mort... Ces feelings m'ont été confirmés par une médium, Madame M., qui a écrit sur le sujet. Ce que Sonia m'a dit à travers elle, seule Sonia pouvait me le dire ; elle vit en même temps que moi, mais ailleurs... »*

J'ai sursauté en lisant ce courriel. Rapidement, j'ai retracé Marco grâce à son adresse Internet. Il habite à Rimouski, est père d'un bébé de dix mois et travaille comme directeur commercial dans l'industrie automobile. Il m'a raconté son histoire d'horreur, au téléphone. À l'été 1996, il s'était rendu en Gaspésie avec sa blonde, Sonia, pour le mariage d'un ami. Pendant qu'il discutait avec un copain, Sonia a décidé d'aller faire une marche sur la plage.

« On était à Maria, en plein jour, sous un soleil radieux ; je ne me suis évidemment pas inquiété. Je n'aurais jamais pu imaginer...

— Tu étais où ? » ai-je demandé, intriguée.

— À Maria, dans la baie des Chaleurs. Sonia vient de là. »

De plus en plus bizarre ! Je me rappelle clairement de ce meurtre crapuleux, puisque j'étais en vacances dans mon village natal, plus précisément en visite chez ma nounou, le jour où Sonia a été assassinée. J'avais oublié son nom, mais je me souviens d'avoir été révoltée d'apprendre qu'une fille avait été agressée en plein jour, alors que je revenais également d'une longue marche sur la plage. « Ç'aurait pu être moi ! » avais-je dit à mon chum en lisant le journal le lendemain matin.

Marco m'a expliqué qu'il était retourné à Rimouski après les funérailles, fin juillet. Le 12 août, jour de l'anniversaire de sa blonde, il a demandé à quelques amis de participer à un petit rituel au bord du fleuve. À cette occasion, lui et ses copains ont lancé des ballons dans le ciel en guise d'adieux à Sonia.

« Ma belle-sœur avait déjà consulté cette médium et m'avait conseillé de le faire quand elle viendrait en ville pour une conférence. La veille de mon rendez-vous avec Madame M., à l'automne, j'ai prié pour que Sonia se manifeste et qu'elle soit la plus précise possible dans ses propos afin que je puisse la reconnaître.

« Le lendemain, quand je suis entré dans le bureau, la médium m'a dit que ma blonde était présente, qu'elle avait reçu mon message et qu'elle serait "la plus précise possible !". Cette parfaite étrangère m'a raconté des choses que j'étais le seul à savoir, et quand, dans la lettre, à travers l'écriture automatique, Sonia m'a "remercié pour les ballons qui lui ont donné le vent dans ses ailes pour partir vers la lumière", tous mes doutes se sont dissipés. »

Marco est donc un peu l'invité surprise de l'émission. N'ayant eu aucun contact avec la médium depuis ce temps, elle n'aurait techniquement pas pu l'appeler pour lui demander d'écrire à l'émission *Claire Lamarche*, question de faire un coup d'éclat ou d'épater les recherchistes. Encore ce fameux hasard qui s'efforce de me prouver qu'il n'existe pas !

Le régisseur annonce : « Une minute avant le début de l'émission… quinze secondes… dix, neuf, huit… » Le thème musical retentit, c'est parti, il est trop tard, je suis dedans jusqu'aux dents…

Post mortem

Le 4 avril 2002. On n'aurait jamais pu prévoir l'onde de choc qui a suivi la diffusion de l'émission. Pendant plusieurs jours, les lignes téléphoniques de *Claire Lamarche* étaient si encombrées qu'elles débordaient sur les téléphonistes de TVA, qui ne savaient quoi faire de ce flot de gens désirant joindre la médium. Peu de temps après son lancement, le deuxième livre de Madame M. s'est d'ailleurs hissé au rang des best-sellers chez Renaud-Bray et semble vouloir y maintenir le cap. J'en suis ravie, c'est un succès bien mérité pour cette grande femme. De mon côté, j'essaie seulement de comprendre ce qui s'est passé et où tout cela doit m'amener.

Soit dit en passant, toutes mes appréhensions concernant mon *coming out* à la télé se sont avérées pure paranoïa. Enfin presque. Mes sœurs, ma mère et plusieurs personnes dans la famille ont paru emballées par ce qu'elles ont vu et entendu à l'émission. Les autres ne m'en ont jamais reparlé. Je sens bien le malaise, mais qui ne dit mot consent... à ce qu'on prétend.

❀ ❀ ❀

Je ressens maintenant le besoin de faire une pause pour décortiquer la lettre de mon père. Je l'ai pourtant lue cent fois à tous ceux qui m'entourent, mais je ne me suis pas véritablement arrêtée à analyser le sens profond de ses paroles. Mon travail de recherchiste-chroniqueuse étant terminé, je peux maintenant commencer à intégrer ses beaux messages.

J'accroche sur une des premières phrases.

« On ne meurt pas, ma grande, on poursuit notre route et on grandit toujours. L'âme ne peut pas régresser... Va en paix avec la certitude que la mort n'est pas une fin en soi. Je serai toujours là pour toi. »

L'âme ne peut pas régresser. Cela veut dire quoi ? Qu'elle continue d'évoluer de l'autre côté ? Quand elle se réincarne, car il semble clair qu'elle se réincarne, l'âme aurait déjà parcouru un bout de chemin dans cette autre Dimension ? L'enfant qui naît de cette nouvelle incarnation serait déjà plus évolué comme être humain que dans sa vie précédente ? Je n'ai pas de réponses à ces questions, on peut interpréter les mots de nombreuses façons. J'aurai sans doute quelques précisions avec le temps...

Je m'arrête sur un autre passage concernant mes enfants.

« Ils sont tout équipés pour cette incarnation... À travers ton petit garçon, je viens te rappeler que "Je" suis bien vivant et très heureux. »

Le « Je » avec un « j » majuscule n'est pas une liberté de style que la médium s'est accordée par pure coquetterie littéraire. Mon père a voulu qu'elle l'écrive ainsi. Alors, mon grand garçon de quatre ans serait la réincarnation de mon père ? J'ai bien compris cette étonnante révélation la première fois que je l'ai lue ; la dixième fois aussi. Toutefois, si mon cerveau rationnel comprend, mon côté émotif, lui, est pour le moins secoué. Je ne suis pas certaine d'aimer savoir ça finalement... Pas sûre non plus que c'est bon pour mon fils. C'est vrai que, depuis sa naissance, une de mes tantes me rappelle constamment combien il ressemble à J.P.

« C'est ton père en peinture, ma p'tite fille. Il a la même intelligence, il est aussi tannant en plus. » Merci ma tante, c'est gentil de me le rappeler !

C'est un fait, sur ses photos d'enfance, J.P. ressemble à s'y méprendre à mon fils, comme c'est le cas d'ailleurs dans des millions de bonnes familles. Qu'est-ce que ça prouve ? Rien. Au plus, ça peut satisfaire mon instinct très chauvin de Gauthier pure laine. Quoi qu'il en soit, je ne suis pas très rassurée par la nouvelle. Voilà pourquoi Madame M. a insisté, quand j'étais dans son bureau, pour que je sache que mes enfants ne sont pas porteurs du gène de la maniaco-dépression. Mon père en rajoute dans son message. « Ils sont tout équipés pour cette incarnation. » C'est bon.

En plus, je devrais être fière qu'il ait choisi mon garçon, ou plutôt qu'il nous ait choisis mon chum et moi comme parents. Parce qu'il paraît que les enfants choisissent leurs parents. C'est peut-être aussi une pure question de *timing*. Possible qu'il n'était pas prêt à se réincarner avant ce jour, qu'est-ce que j'en sais ?

Je suis quand même inquiète. La vie est drôlement faite. Je me retrouve la mère de mon propre père. Pas simple. Je m'inquiète du comment. Comment vais-je apprendre cela à mon fils, quand il sera un homme ? Comment dois-je me comporter entre-temps ?

« Comme un guide » m'a répondu gentiment la médium.

«Comme un guide», qui tente de lui faire découvrir ses forces et ses passions. Comme tout bon parent, en somme. Rien de plus. Au contraire. On dirait que ça me procure, du coup, une forme de liberté que je n'avais pas auparavant. Je me sens libérée de la lourde responsabilité de voir à tout, tout, tout. Je peux lâcher prise sur une partie qui ne m'appartient pas. Mes enfants sont protégés; cela m'apaise et calme mes angoisses concernant la vie, la mort aussi. Même chose pour ma fille. Dans son cas cependant, ce n'est pas aussi limpide. Est-ce l'âme de ma nounou qui s'est incarnée dans son petit corps? Il semble que Lucienne soit son ange gardien. C'est quoi la différence? Pas d'idée pour l'instant. Mais je me rappelle la phrase que Normand a adressée à mon amie Yannick. «On ne meurt pas, on voyage d'un corps à l'autre...» En tout cas, ça renforce mes nouvelles convictions sur la réincarnation... et je comprendrai peut-être plus tard la nuance.

Il y a une autre révélation très significative dans la lettre.

«Ah! Chère petite mère, si tu savais à quel point j'ai eu de la misère à me pardonner moi-même ce geste.»

Il y aurait donc une notion d'effort et de temps même là-haut! Le passage vers la Lumière, comme il le dit si bien, ne se fait pas instantanément. Un temps indéterminé certes, mais ça n'est pas acquis. On ne s'en va pas en ligne droite, direct au Paradis, si je me fie à cette phrase. Je ne sais pas ce que signifie «le temps» quand on a la Vie éternelle, mais il existe, c'est maintenant clair pour moi. Est-ce ce fameux espace-temps pour trouver la Lumière que nous, catholiques, appelons le purgatoire? Possible. Toutefois, ce n'est pas un purgatoire pour expier nos péchés comme la religion s'est évertuée à nous le faire croire. Nuance. C'est plutôt une transition pour faire la paix avec soi-même. Pour se pardonner. Et « les suicidés ne vont pas en enfer », il l'a bien précisé. Non pas que j'aie jamais cru cela, mais cette déclaration s'adresse sans doute à ceux qui entretiennent toujours la superstition.

Une autre phrase me fait sourire.

« Il y a un beau projet sur la table. Il est gros ! Tu es à la hauteur, n'en doute pas. Assure-toi de faire une pause, intérieurement et physiquement. Tu es dans la bonne voie. »

Depuis quelques mois, mon amie Marcia Pilote et moi travaillons à pondre un projet d'émission de télévision qui nous ressemble et qui nous fait triper. Il s'agit d'un magazine mi-culturel, mi-social intitulé *Souper de filles*. Nous en sommes à l'étape de trouver un producteur pour vendre l'idée à un diffuseur. Personne ne s'est encore manifesté, mais nous avons bon espoir que ça va marcher. (J'apprendrai, au mois de juin, que nous sommes embauchées au canal Vox pour coanimer une émission quotidienne d'une heure, et ce, sans changer une seule virgule du projet initial. Merci, bonne prédiction papa ! « Ce n'est pas si gros que ça », vous entends-je chuchoter, mais pour moi, à ce moment précis de ma vie, c'est une « grosse » et excellente nouvelle.)

Dernière question : comment dois-je faire pour aller plus loin dans ma démarche ? C'est évident qu'il y aura une suite, la fin de la lettre est sans équivoque à ce sujet.

« C'est le début d'une longue série ! Bye ma grande, à la prochaine, on réglera pas tout aujourd'hui… Prends ton temps. »

Il veut que j'y retourne ? Mais quand ?

Pour l'instant, je crois qu'il serait plus sage de laisser reposer quelque temps toute cette affaire de communion avec les défunts et de continuer ma vie du mieux que je le peux, en étant à l'écoute, cette fois, des signes du destin. «Lâche prise sur la vie des autres...» C'est ça, bonne idée, je vais m'occuper un peu de moi.

«De l'au-delà, j'ai pu intervenir dans vos vies. C'est pour ça que je te disais au début que je suis venu te *coacher*!»

Je vais essayer d'écouter le *coach*... pour une fois!

Lettre à ma grande sœur

Après quelques semaines de réflexion, je prends la décision ferme de régler une fois pour toutes, en thérapie, mes « bibittes » associées au décès violent de mon père. J'ai bien fait quelques tentatives avec différents psychologues ces dernières années, mais rien de concluant. Parce qu'en quelque sorte je suis en train de faire mon deuil, comme s'il venait juste de mourir, hier ou la semaine dernière.

Parallèlement, je téléphone au centre de rendez-vous de Madame M. pour fixer la date d'une prochaine rencontre. Avant la diffusion de l'émission, l'attente était déjà de six mois pour obtenir une consultation. « C'est un an, maintenant », m'annonce la réceptionniste, au bout du fil. Voyant la frénésie que la médium avait suscitée au bureau, j'avais prévu le coup en incitant mes proches qui étaient intéressés à téléphoner rapidement. J'aurais pu en faire autant, mais je ne suis pas pressée d'y retourner et je ne veux surtout pas de passe-droit. J'attendrai mon tour. Ma sœur aînée doit y aller dans quelques mois de toute façon. J'en saurai davantage à travers elle.

J'inscris dans mon agenda : « 15 janvier 2003, *rendez-vous avec papa.* »

Le 16 septembre 2002. Ce matin, ma grande sœur s'est présentée au bureau de Madame M. à l'heure prévue, sans toutefois dévoiler son nom de famille, ne donnant pour toute identification que son prénom. Comme elle ne me ressemble pas tellement et qu'il y a déjà sept mois que J.P. est passé au « confessionnal » avec moi, la médium n'avait aucun indice sur l'identité de la cliente qui s'assoyait devant elle.

L'aînée est mère de deux garçons de dix et huit ans. Elle a aussi perdu une fille à la naissance, un an avant d'accoucher de son premier fils. À cette étape-ci du récit, je n'insiste plus pour apporter des preuves que les propos tenus par la médium sont véritablement inspirés de l'au-delà. Je tiens pour acquis que je n'ai plus à le faire, j'en ai donné suffisamment, et vous allez constater que plusieurs évidences se présentent d'elles-mêmes…

En commençant la séance, la médium a d'abord avisé ma grande sœur que l'âme d'une petite fille lui rendait visite pour lui parler d'amour et panser ses plaies ! Puis, Madame M. lui a parlé d'un autre esprit.

« Il y a un homme, ton père, je crois, qui me montre son cœur brisé en se frappant la poitrine avec sa main droite et me dit qu'il n'a pas tenu le coup. Il me parle de dépression ; est-ce qu'il s'est suicidé ? »

Ce sont exactement les phrases d'introduction qu'elle a prononcées en ma présence le 2 février 2002. La même gestuelle pour accompagner les paroles de notre père, en plus. J'en suis bouche bée quand ma sœur m'appelle de son cellulaire, sur le chemin du retour vers Québec, pour me faire un résumé de sa rencontre. Elle est ressortie, elle aussi, avec une lettre de plusieurs pages qui s'inscrit parfaitement dans la suite des choses ; une sorte de continuité des propos tenus dans ma missive de février.

« Il a commencé par dire qu'il avait fait des révélations à une de mes sœurs (en référence à ses problèmes d'alcool), que notre mère avait validées par la suite. Il a ensuite expliqué qu'il n'allait pas bien depuis l'âge de douze ans », m'apprend l'aînée, la voix encore chargée d'émotion.

J.P. était pensionnaire au collège de Gaspé, à cet âge-là. Pourquoi douze ans ? Que s'est-il passé à cette période précise de son enfance que tout le monde, même sa femme, ignorait ?

Ma grande sœur me lit sa lettre au bout du fil pendant que notre mère conduit la voiture. Maman a accepté de l'accompagner dans son périple sans toutefois chercher à voir la médium. Elle ne se sent pas prête pour ce genre de communication avec son défunt mari. À chacune sa façon et son rythme, c'est bien comme ça.

Ah ! Ma grande fille.

Comment te dire à quel point je suis heureux que tu sois venue ! Je sais l'impact que mon départ a eu sur ta vie. Ma première, ma grande fille... Tu avais cinq ans quand j'ai commencé à te dire que tu étais une grande fille. Inconsciemment mon ange, je te demandais d'être responsable pour tes sœurs, de prendre soin de ta mère ! Je vivais dans deux mondes, tu sais ! Je suis venu te dire que tu as tout le droit d'avoir ressenti de la colère envers moi. Notre génération est la génération des secrets de famille. Des abus cachés. Aujourd'hui, vous êtes la génération qui lève le voile. Même dans la grande famille de l'Église, on démasque les abuseurs et on écoute enfin les victimes.

Le phénomène des contacts avec l'au-delà est des plus fascinants et, en même temps, il nous ouvre à nous les « défunts » une grande porte sur la vie de nos enfants. Je viens te dire aujourd'hui ma « petite » fille que je t'aime de tout mon cœur et que je regrette de ne pas avoir eu le courage de piler sur mon orgueil et d'aller chercher de l'aide. J'excellais dans ma profession, mais je n'admettais pas que je puisse être malade moi aussi, que je puisse avoir des blessures qui avaient besoin d'être soignées par un « médecin de l'âme ». J'ai préféré m'endormir et geler mon mal à l'âme, jusqu'à ce que la dépression me rattrape...

Je ne voyais plus le bout du tunnel.

Ma sœur s'interrompt pour faire une parenthèse. « Soudainement, Madame M. a cessé d'écrire », m'explique-t-elle. Elle a pris une autre feuille et a griffonné quelques mots, puis elle s'est esclaffée...

— Mais t'es la sœur de France ! »

Voici ce qu'il y a d'inscrit sur cet autre bout de papier :

Chère madame, vous êtes toujours aussi radieuse... Continuez, ne lâchez pas. « Je suis » reconnaissant pour votre service ! Soyez heureuse, je vous salue bien bas. Paix et Amour. Me reconnaissez-vous ?

« Madame M. a été très émue quand elle a reconnu notre père », renchérit ma grande sœur avant de poursuivre sa lecture.

Je pourrais t'écrire un livre pour te raconter tout le chemin que j'ai parcouru dans mon passage vers « Ma Nouvelle Vie ». Je te résume ça en te disant que par votre amour inconditionnel — l'Amour des enfants est si pur et sans jugement —, j'ai réussi à traverser de l'autre côté de la Vie et à me réconcilier avec Dieu. J'avais, si on peut dire, une certaine rébellion envers l'Église, ou plutôt ses représentants pervers. J'ai pardonné et j'ai guéri ces blessures. Maintenant, je suis tout disponible pour vous accompagner. Je suis en Paix.

Je parle ce matin à ma jeune fille de dix-sept ans et je veux lui dire « ce n'est pas ta faute si papa s'est enlevé la vie mon ange ». Je t'aime et je serai toujours là pour toi. Cette rencontre d'âme te rapprochera encore plus de ta petite sœur... Vive la différence ! Vous êtes toutes les trois merveilleuses. Dis à Maman que je la remercie de ne pas nier ma présence. Je vous aime tant, les quatre femmes de ma vie.

À ton mari, je lève mon chapeau. Tu as le talent de marier la profession et l'ouverture du cœur et spirituelle. Merci d'être le père que tu es pour mes petits-fils et merci surtout d'être là pour ma fille, d'être à l'écoute et de prendre soin d'elle ! Je t'admire, mon gendre, et je suis avec toi !

Je vous bénis, bye ma fille.

Papa xxx

Encore des révélations de taille. D'abord, j'apprends par la bande, après vingt-cinq ans, que ma sœur aussi a envoyé promener notre père, le fameux matin du 28 février 1977. Voilà pourquoi il lui dit à elle aussi : « Ce n'est pas ta faute si papa s'est enlevé la vie mon ange. » Elle était en retard au cégep et il lui avait donné un *lift*. Ils ont eu une petite discussion dans l'auto et l'aînée lui a finalement claqué la porte au nez en lui lançant un « t'es pus endurable » cinglant. Elle l'a revu baignant dans son sang, inconscient, dans le sous-sol de notre maison, quelques heures plus tard.

Ma grande sœur a traîné la même culpabilité que moi pendant toutes ces années sans jamais me le confier. Elle l'a fait avec ses amis, évidemment, mais nous, les « petites », comme elle nous appelait affectueusement, elle a voulu nous épargner, nous protéger. D'ailleurs, au sujet du suicide de notre père, c'est en route pour les funérailles de Lucienne, en juin 1999, que ma grande sœur m'a raconté pour la première fois ce qu'elle avait vécu en revenant à la maison au mauvais moment, cette journée-là. Vingt-deux ans, voilà le temps que j'ai mis pour trouver le courage de poser la question et d'entendre la vérité. Il n'est jamais trop tard, à ce qu'on dit.

Je remarque également que papa a écrit un mot au conjoint de ma sœur, qui a «le talent de marier la profession et l'ouverture du cœur et spirituelle». Mon beau-frère est en effet le seul des trois gendres à affirmer ouvertement croire à une forme de Vie après la mort, même s'il n'est absolument pas pratiquant. Cette spiritualité lui a été inculquée par sa mère, une femme très avant-gardiste. C'est d'ailleurs lui qui m'a aidée, il y a plusieurs années, à me libérer des cauchemars qui me hantaient.

✿✿✿

Je faisais toujours le même rêve. Mon père était présent, le regard vide, se tenant debout, immobile dans une pièce apparemment rajoutée à notre maison. Il refusait de parler ou de venir voir maman. Il était bien vivant, mais complètement zombie.

Un soir que je soupais chez ma sœur et son chum, il y a plus de dix ans de cela, je leur ai parlé de ce cauchemar à répétition. Nous avons alors réalisé, ma grande sœur et moi, que nous faisions exactement le même mauvais rêve depuis la mort de papa. Elle aussi le voyait vivant, mais complètement légume. Son amoureux lui avait déjà conseillé de signifier à notre père, au beau milieu de la nuit quand elle se réveillerait, de partir dans la Lumière, qu'elle lui avait pardonné et qu'il pouvait continuer sa route.

J'ai suivi les recommandations à mon tour. La première nuit qu'il m'a à nouveau sortie du sommeil en sanglots, après avoir vécu pour la centième fois la même scène troublante, j'ai exprimé à voix haute ma demande.

« Vas-y papa, tu peux t'en aller dans la Lumière, je t'ai pardonné et je t'aime. »

Je n'ai plus jamais rêvé de mon père par la suite.

❈ ❈ ❈

« Ça ne va pas bien depuis l'âge de douze ans. » Cette toute petite phrase, dans le message de mon père à ma sœur, me tenaille.

Si ça ne va plus depuis sa préadolescence, c'est que « les représentants pervers de l'Église » lui ont coupé ses ailes. Il est clair pour nous, aujourd'hui, que J.P. a été victime d'une forme d'abus indéterminé (et qui le restera…), commis par un ou des prêtres de son collège. Il avait déjà dit à des proches, à la blague (c'était sa meilleure arme de défense), que « les curés lui couraient après à l'école », mais qu'il était un petit vite et avait toujours réussi à leur échapper. Sa génération, celle « des secrets de famille et des abus cachés », ne lui permettait pas de dénoncer le ou les abuseurs. On aurait ri de lui, on ne l'aurait pas cru, de toute façon, et on aurait protégé l'institution. Il était sans doute plus facile de mettre tout cela derrière et de continuer. De faire sa vie comme tout le monde attendait de lui. Sauf qu'on ne peut pas oublier. Ça finit par ressurgir et, dans son cas, par le rattraper en même temps que la dépression. « J'ai préféré m'endormir et geler mon mal à l'âme… »

Je sens la colère m'envahir. Une colère sourde et impuissante. Elle ne dure pas. Les paroles de mon père me calment et m'aident à voir le bout de chemin qu'il a parcouru, à sentir sa guérison.

« Même dans la grande famille de l'Église, on démasque les abuseurs et on écoute enfin les victimes… J'ai pardonné et j'ai guéri ces blessures. Je suis en Paix. »

Cela me frappe tout à coup. Je comprends pourquoi la détresse, le refus de se faire soigner, la fuite. Jamais il n'aurait pu s'ouvrir, même à un thérapeute ou à un psychiatre. Jamais il n'aurait pu se dévoiler comme une victime. Jamais il n'aurait accepté d'être « jugé » par un collègue. Encore son orgueil, encore son éducation, encore les apparences. Je lui concède pourtant le droit d'avoir craqué sous le poids des exigences sociales de son époque. Avec son bagage, il n'y avait pas d'autre issue. J'aurais peut-être fait la même chose, dans ses souliers. Je te pardonne doublement, papa ! La phrase qui suit démontre bien que l'amour et le pardon donnent ou redonnent des ailes…

« … par votre amour inconditionnel — l'Amour des enfants est si pur et sans jugement —, j'ai réussi à traverser de l'autre côté de la Vie et à me réconcilier avec Dieu. »

Quel apaisement ! C'est également une preuve irréfutable pour moi qu'on peut accompagner nos morts vers cette fameuse Lumière, vers la réconciliation avec Dieu. Il suffit de lâcher prise, de pardonner et de les laisser partir. De les implorer parfois de s'en aller… c'est ce que nous avons fait consciemment, ma grande sœur et moi, en demandant à notre père de quitter nos rêves et en lui pardonnant son geste.

Mais Dieu existe donc ? Je suis contente d'en avoir la confirmation ! O.K., j'ai encore un peu de cynisme face à toute cette question de Dieu. Existe, existe pas. J'avais perdu tout espoir pendant de longues années. Et même si je suis convaincue, aujourd'hui, de la présence de mon père dans l'invisible, Dieu, lui, ce Père tout-puissant, tel que décrit par la religion, demeure un sujet mystérieux et un peu tabou à mes yeux. Un sujet sur lequel je ne me suis pas encore penchée par simple peur d'avoir peur, je présume.

Il n'y a pas d'explication non plus sur la forme que prend ce Dieu. Je parle de son image. Est-ce un Dieu qu'on peut voir, un Dieu-Roi qu'on vénère, assis sur sa grande chaise quelque part dans son Royaume du Paradis? Ou est-ce plutôt une vibration diffuse, sorte d'Énergie créatrice qui habite à l'intérieur de chacun de nous? Et il y a sans doute cent autres choix de réponse entre les deux. J'opte pour la dernière hypothèse, celle de l'Énergie créatrice, mais il s'agit d'une opinion très personnelle. L'important est qu'Il existe et que «les représentants pervers de l'Église» ne sont pas ses amis. C'est bon à savoir… Je n'irai pas plus loin sur la notion de Dieu. N'ayant aucune autre information «officielle» que celle contenue dans les lettres de mon père, ma réflexion à cet égard ne vaut rien de plus que la vôtre. Par ailleurs, une abondante littérature existe sur le sujet, en librairie, à la section dite «spirituelle», si on veut avancer dans sa démarche. Les livres de Neale Donald Walsch, *Conversations avec Dieu*, sont peut-être un bon départ, tout en demeurant un choix personnel.

De toute façon, se réconcilier avec Dieu, qu'est-ce que cela signifie vraiment? Encore là, il y a certainement mille interprétations possibles. Pourtant, c'est exactement ce que j'ai l'impression de vivre depuis quelques mois: une réconciliation avec Moi, avec la mort, avec l'Énergie créatrice universelle, avec la Vie éternelle, avec Dieu quoi!

Une réconciliation avec la notion de Paradis aussi, celle que nous présente mon père, assis au milieu de son golf parsemé de lacs et de montagnes. La médium expliquait, dans l'article du *Soleil*, que, pour la contacter, les âmes désincarnées adoptent une forme humaine à un âge qu'elles ont trouvé agréable ou encore l'apparence qu'elles avaient à leur mort. Elles se recréent aussi un environnement qui leur plaît et y vivent un peu comme dans le film avec l'acteur américain Robin Williams, *Au-delà de nos rêves*. Les images d'enfer en moins. Parce que, selon moi, l'enfer n'existe pas. «Les suicidés ne vont pas en enfer», puisque, je le répète, l'enfer n'existe pas. Et la médium n'a jamais reçu de messages maléfiques en provenance d'esprits tordus, puisque le diable non plus n'existe pas. Encore une fois, je n'ai pas de preuves scientifiques à l'appui, bien sûr, ce n'est qu'une autre certitude. Certitude qui m'habitait, d'ailleurs, bien avant de rencontrer Madame M. et d'amorcer toute cette réflexion.

Ceux qui croient au karma pensent que l'enfer est sur terre et permet de racheter les erreurs commises dans les vies antérieures. Pour ma part, je trouve cela encore trop facile. On pourrait ainsi excuser toutes les souffrances actuelles de milliards d'êtres humains sous prétexte que ces pauvres gens doivent payer pour leurs crimes des vies passées? Voyons donc! Mais revenons plutôt au Paradis.

Mon Paradis à moi sera rempli de bons livres, d'excellente musique et d'enfants qui jouent et qui rient au bord d'une mer azur à perte de vue…

L'Église, en tant qu'institution, ne semble pas visée par la dénonciation de mon père. L'idéologie, les valeurs de base de la religion catholique auraient, si je comprends bien le sens de son message, encore une signification. Sauf que «là où il y a des hommes, il y a de l'hommerie!». En clair, il ne faut pas jeter le bébé avec l'eau du bain. Le fond est bon, mais la pourriture du dessus atteint même certaines bonnes graines. Peut-être sommes-nous enfin rendus, dans notre évolution, à nous élever au-dessus des religions pour échapper à nombre d'abus, de guerres et d'inégalités?

Papa, lui, semble avoir trouvé sa rédemption dans le pardon. Il a reconquis ses droits à la Vie éternelle en accédant à la paix en lui et en pardonnant aux «représentants pervers de l'Église». Un long parcours, son chemin de croix, si je reprends une fois de plus ses paroles dans ma missive : «Si tu savais combien j'ai eu de la misère à me pardonner moi-même ce geste.» L'important est qu'il y soit arrivé et qu'il ait trouvé la Lumière.

Une autre phrase pousse ma réflexion un peu plus loin et me fait rêver. «Je pourrais t'écrire un livre pour te raconter tout le chemin que j'ai parcouru dans mon passage vers "Ma Nouvelle Vie".» Comme il serait précieux ce Grand Livre! Comme il serait salutaire de posséder un guide, un manuel d'instructions pratiques et actuelles, «de source sûre», pour mieux vivre notre vie dans «l'au-d'ici» et regarder avec sérénité vers l'au-delà! Malheureusement, il n'existe pas, pas dans une forme accessible, du moins, simple et acceptée de tous. Cependant, ces lettres inestimables m'apportent quelques points de repère importants. C'est déjà beaucoup.

J'aime aussi l'allusion à propos de sa femme, notre mère, ouverte et disponible pour nous accueillir avec nos messages de l'autre Dimension.

« Dis à Maman que je la remercie de ne pas nier ma présence. »

En effet, quel beau geste d'amour de la part de notre mère de nous laisser avancer à notre rythme sur cette route inconnue ! Il le reconnaît. Pourtant, je m'inquiète pour elle. Maman doit affronter toutes ces révélations, celle des abus en plus, sans avoir rien demandé à personne.

« Elle est bouleversée, bien sûr, me dit ma grande sœur, mais elle a la force qu'il faut pour gérer tout ça. » Elle l'a toujours eue.

***

Nous n'avons reparlé du contenu de cette dernière lettre qu'une seule fois, ma sœur et moi. Mais les messages qui y sont gravés pour toujours font leur chemin, un peu plus chaque jour.

Deuxième rencontre

L e jour de ma deuxième rencontre avec mon père approche. Je suis aussi nerveuse qu'à ma première visite. Davantage même, car mes attentes sont très élevées, cette fois. Je n'ai plus rien à prouver à personne, je suis seulement excitée de contacter mon Guide, mon Père spirituel, ma bonne Étoile.

J'ai fait un grand bout de chemin depuis le 2 février 2002. J'ai vécu des grands stress, des grandes joies aussi, tant personnels que professionnels. La coanimation de l'émission *Souper de filles* m'apporte beaucoup sur le plan humain. La complicité et la maturité qui se sont développées en ondes, avec ma coanimatrice, dépassent mes espérances et celles des producteurs. Nous travaillons dans un monde de «gros ego» où il est difficile d'atteindre l'harmonie quand deux fortes personnalités se partagent la «vedette». Je suis donc particulièrement fière de cette réussite. En revanche, le reste n'est pas toujours facile. Par exemple, travailler avec une gang de filles est un défi que j'ai bien failli ne pas réussir à relever. Je viens de l'école des gars : le journalisme d'enquête et de faits divers. J'y ai travaillé avec des hommes toute ma vie professionnelle. Les conflits se règlent à coups de gros mots et de poings sur la table ; deux minutes après, tout est fini, on est prêt à repartir à neuf. Peut-être une bien mauvaise excuse, mais le fait demeure que je n'ai pas de talent pour la diplomatie et la délicatesse qu'impose une équipe de travail féminine. Je l'ai appris *the hard way*, comme disent les anglophones.

En même temps, je termine une longue thérapie avec une kinéthérapeute exceptionnelle qui m'a aidée à soigner le plus gros des blessures reliées à mon passé. Je sens que le vent tourne, que la vie sera plus douce à l'aube de la quarantaine. D'ailleurs, nous rêvons, mon chum et moi, de prendre une semaine en amoureux pour fêter mes quarante ans. Nous laisserions les enfants pour la première fois. Ils seraient entre bonnes mains, car mon amie Yannick m'a offert généreusement de déménager ses pénates à la maison pour garder mes petits chéris, qui sévissent respectivement dans leur *terrible two* et *horrible four*. Ma phrase préférée par les temps qui courent? «Le gouvernement canadien ne négocie pas avec les terroristes de deux ans et de quatre ans. Allez dans votre chambre réfléchir un peu.» Si on pouvait faire ça avec quelques islamistes, Américains ou autres «morons» un peu trop excités, sur la planète, ce serait bien, non? Merci mille fois, Yannick. Que c'est beau l'amitié inconditionnelle!

Il y a eu une petite embrouille avec ma grande sœur, avant Noël. Apprenant que je retournais voir la médium, elle m'a demandé pourquoi je voulais «rebrasser» tout cela. «Tu pourrais emmener maman avec toi ou lui céder ta place? On pourrait même y aller toutes les quatre ensemble, qu'est-ce que tu en dis?»

Je savais que son intention était bonne, mais, sans pouvoir l'expliquer sur le coup, j'ai ressenti un profond malaise.

« Non ! » ai-je répondu d'un ton un peu sec. Puis, plus calme et plus douce, je me suis justifiée. « Primo, Madame M. n'offre pas de séance de groupe. Secundo, je tiens à y aller seule. C'est une affaire personnelle. Si maman veut un rendez-vous, je peux lui en prendre un pour plus tard. »

Encore cette fameuse chaleur, celle qui me surprend du plexus solaire jusqu'au bout des cheveux, vous vous rappelez ? J'ai raccroché le téléphone, ébranlée, la tête pleine d'interrogations. Suis-je égoïste de ne pas offrir ma place à ma mère ? Devrais-je insister pour avoir une consultation familiale ? NON. La réponse retentit dans mon esprit, dans mon cœur aussi. Il faut croire que j'ai encore du travail à faire pour me débarrasser de ma damnée culpabilité.

* * *

Je prends la route vers Sherbrooke, par un soleil radieux, en espérant cette fois-ci pouvoir aller plus loin, poser des questions peut-être, je ne sais trop. À ma surprise, lorsque j'arrive à destination, Madame M. m'interroge aussi sur le but de ma démarche.

« Pourquoi sens-tu le besoin de revenir aujourd'hui, France ? »

C'est qu'il n'y a pas d'abonnement chez la médium. Une fois suffit dans bien des cas. Je lui rappelle que la première lettre de J.P. finissait sur une invitation. Elle se souvient, acquiesce et la session commence.

Après quelques minutes d'échange sur différents sujets, elle me confirme que je n'ai pas fait tout ce chemin pour rien.

« Ton père est au rendez-vous. Il s'est fait beau pour l'occasion et porte un gros gilet à col roulé beige.

Il a l'air calme, mais il a hâte que j'écrive. Alors, si tu n'as pas d'objection, je vais me mettre au travail tout de suite et on se parlera après.

— Est-ce que je vais pouvoir lui poser des questions ?

— Pas vraiment. Je capte les messages, mais je ne leur parle pas directement ; ce sont eux qui communiquent avec moi. »

Étrange. Moi, la journaliste, je n'avais même pas posé cette question élémentaire tant je me suis retrouvée à l'envers après les intenses émotions de la première visite.

Je m'étends sur le divan pour enclencher le rituel, beaucoup plus sereine qu'à pareille date l'an dernier. Je n'ai pas de chronique à faire après la consultation, je n'ai qu'à vivre le moment présent. J'espérais que ma nounou se manifeste une seconde fois, mais il semble que mon père soit seul à vouloir me parler, ce matin. Je respire profondément pour trouver un espace de paix intérieure. Je me laisse bercer par le son de la plume qui s'active sur le papier et je pars en voyage avec J.P. Qui sait, cela va peut-être inspirer en partie l'écriture de cette deuxième lettre ?

Au bout d'un certain temps, Madame M. me sort de ma méditation pour lire le message.

« Il m'a demandé de te dessiner un collier avec un diamant au bout. Il veut que tu lises le livre *L'Alchimiste* de Paulo Coelho.

— Pourquoi ? » Je connais Paulo Coelho de réputation, mais je n'ai jamais senti « l'appel » de plonger dans son univers spirituel un peu moralisateur.

« Lis-le, tu comprendras, me répond-elle avec cette sagesse enveloppante dans la voix qui lui est propre. Voici le message de ton père, France. »

Mon Ange, c'est moi ! Ton papa, ton confident, ton ami de l'au-delà ! Je suis heureux que tu aies gardé ton rendez-vous pour toi, ma grande ! Un moment donné, j'ai bien cru que tu allais «donner ta place»... C'est avec toi que je voulais communiquer, ce matin, ma belle fille. Avec ta mère, je choisis d'autres façons de le faire. T'inquiète pas, France, tu es ici à ta place, et ce rendez-vous est juste pour toi. Je n'ai pas de messages pour les autres...

Je te le répète... J'étais déconnecté de Ma Source et je croyais que j'étais seul et que je ne serais pas aimé si je me révélais dans mes peurs et mes faiblesses. Vous avez connu «l'homme» fort, déterminé, celui qui performait et qui réussissait. C'est pour ça que le choc a été si grand. Je te trouve courageuse, France, de «dire les vraies choses» et d'accueillir cette petite fille en toi qui a peur de ne pas être à la hauteur, de ne pas être aimée et reconnue... Je veux te dire que de l'au-delà je vis cette guérison avec toi. Que ton pardon m'a donné des ailes, que ton amour inconditionnel me reconnecte avec Ma Source.

Je n'ai rien perdu de mon sens de l'humour... sauf qu'il ne me sert plus de couverture. Je ne ris plus pour ne pas pleurer... Je sais maintenant que je peux être moi, faible ou fort, je suis aimé. À travers ton fils, j'accomplis Ma mission. L'âme est multidimension-nelle, France ! (Tu vois, je n'ai rien perdu de mon intelligence non plus.) On ne perd jamais rien, ma fille. Nous portons en nous toutes les mémoires de nos vies passées et futures. Le Plan est parfait, ma grande fille. Je voudrais t'aider à faire confiance au Grand Plan qui est là pour toi... ce que tu cherches à devenir est déjà en voie de «formation». Tu as traversé de grands tests de Confiance en 2002... Tu as défoncé des portes et tu as appris beaucoup, beaucoup, sur toi, sur les autres, sur la machine humaine, la soif de pouvoir ! Tu es de plus en plus près de ton but... Lâche pas, ma grande, et continue de te nourrir psychologiquement, spirituellement, et surtout de l'amour inconditionnel de tes petits Anges, de ton chum...

Je suis si heureux, France, ma petite rebelle... heureux de voir La Lumière s'installer sur la terre. Je vois que je réussis à réparer *tous les torts que mon geste a causés. Tu observes aussi chez tes sœurs de belles transformations…*

Repose-toi, ma grande… pourquoi pas un p'tit voyage d'amoureux ! Je sais ce que c'est, le système de compensation pour les enfants… Mais n'oublie pas l'importance de donner à la femme en toi sa place et son essence… Tu sais, France, les enfants reçoivent beaucoup de leurs parents qui prennent du temps pour eux ! Un couple en harmonie et en amour, y'a rien de plus rassurant pour les petits ! Je veille sur ta petite fille, elle te ressemble tant, France. À la fois si fragile et si audacieuse ! Et le petit… c'est moi… dans l'Amour et La Lumière ! Tiens bon et laisse la vie trouver son chemin !

Papa xxx

Je suis encore éblouie par le pouvoir du canal. Quelle précision dans les propos et dans le ton ! Madame M. ignore que j'ai vécu cet imbroglio avec ma sœur au sujet du rendez-vous. Je n'en ai pas parlé avec la médium avant de venir, ni depuis que je suis entrée dans son bureau… Et toute la première page me confirme que je suis ici à ma place, que je n'ai pas à me sentir coupable d'être venue chercher cette communication.

« Avec ta mère, je choisis d'autres façons de le faire. »

Ainsi, je ne porte pas la responsabilité de mettre ma mère en contact avec mon père. Parfait. Elle a déjà un lien direct avec lui, lien qu'elle me confirmera le soir même. « Je lui parle tous les jours à ton père ! » Maman, qui n'a pas de don de médium, n'entend pas la réponse, mais elle sent sa présence.

Il me confirme, en plus, que j'ai MA place bien à moi, une qui m'appartient tout entière, celle que j'ai peur de voler à plein de monde depuis ma tendre enfance. Il semble que d'être la fameuse « enfant sandwich m'a affectée plus que je ne le croyais, finalement !

Quoi qu'il en soit, toute cette histoire me renforce dans mes *feelings*. En clair, quand je ressens un malaise profond, c'est que mon cœur m'interpelle. « La petite voix » dont on nous parle depuis l'enfance, ce n'est que cela, au fond. Je dois tout simplement l'écouter. Ces « maux de l'être » nous viennent directement de l'âme et, trop souvent, nous les ignorons. Ce que j'ai bien failli faire encore une fois quand ma grande sœur m'a demandé de céder mon rendez-vous ! Un autre pas de géant vient d'être franchi dans mon processus de guérison !

C'est d'ailleurs une lettre entière de confirmations. La confirmation pour toutes ses affirmations contenues dans les premières missives. Papa confirme avoir cru être seul dans sa détresse et avoir eu peur de se révéler dans ses « faiblesses ». Il confirme vivre la guérison avec moi et se reconnecter avec Sa Source grâce à l'amour et au pardon des femmes de sa vie. Il confirme que son âme s'est bien réincarnée dans mon fils, mon petit bouffon, et qu'il accomplit sa « mission » tout en étant aimé pour ce qu'il est, « faible ou fort. Je n'ai rien perdu de mon sens de l'humour… sauf qu'il ne me sert plus de couverture. Je ne ris plus pour ne pas pleurer… Je sais maintenant que je peux être moi ».

Il confirme aussi que je suis sur « la bonne voie ». Sans en comprendre exactement le sens, cela me réconforte. C'est également ça, les liens avec l'au-delà : du pur réconfort.

Je souris en relisant le passage sur « un p'tit voyage d'amoureux ». Hier soir, mon chum et moi avons décidé de prendre ces vacances bien méritées. En arrivant à la maison, cet après-midi, je vais téléphoner à l'agence pour choisir la destination et « donner à la femme en moi sa place et son essence ». Je sais si bien, au fond, que *papa a raison* : les enfants ne peuvent que s'en porter mieux.

Il m'apprend également que « l'âme est multi-dimensionnelle » ! Wow ! C'est ma plus grande révélation à ce jour. J'aurais pourtant dû allumer à la première lettre, puisqu'il affirmait s'être réincarné dans mon fils, mais parfois ça prend du temps ! Par conséquent, si ma relecture en est bonne, l'âme peut à la fois se réincarner et continuer d'évoluer dans une autre Dimension. Le « comment » demeure un mystère complet, mais cette vision 2D, ou plus même, m'apparaît tout à coup comme une autre grande vérité.

Madame M. me confirme, pour sa part, que mon père a changé depuis sa dernière visite. Il est plus posé, plus serein, moins charmeur, quoique tout aussi charmant. Son âme a évolué. C'est donc dire que l'âme se transcende. Elle se dépasse, atteint un état supérieur, change pour le mieux. Elle subit des mutations au même titre que toute chose dans l'histoire de l'humanité. Le philosophe américain Ken Wilber explique l'évolution en termes de transcendance et d'inclusion. Toute évolution repose donc sur des changements qui incluent les bases de l'entité précédente. Pour en avoir une image plus précise en tête, disons que la Conscience humaine « grandit » en forme de pyramide, en s'appuyant sur les forces de ses fondations pour atteindre de plus hauts sommets. De la même façon, l'âme se transforme tout en conservant les qualités et les fondements de ses vies passées : elle se transcende et inclut, comme le veut la théorie de Wilber.

C'est également ce que j'interprète quand mon père affirme : « À travers ton fils, j'accomplis Ma mission. L'âme est multidimensionnelle… ! »

Voilà la grande transcendance de l'âme. Mon garçon n'est pas mieux que mon père l'était dans sa vie passée, il arrive seulement sur cette terre avec un bagage supérieur : celui de ses vies antérieures additionné à son bagage génétique actuel. C'est une mutation d'âme pour aller plus loin, pour faire avancer le monde d'une certaine façon.

Je tiens ici à préciser que mon fils n'a rien de plus que les autres enfants. Selon mon interprétation, chaque petit être qui naît est l'incarnation même d'une âme cherchant à se transcender. Chaque génération d'âmes fait avancer celle qui la précède dans une roue sans fin de réincarnations d'âmes transcendantes. J'ai peut-être l'air de délirer, mais la réflexion qui m'amène à ces conclusions est amorcée depuis un bon moment déjà. Dans plusieurs de mes lectures sur le sujet, j'ai trouvé des tentatives d'explication, ou plutôt des hypothèses sur la réincarnation. Pour moi, ce n'est plus une question de croyance mais de connaissance, la connaissance d'un phénomène que j'expérimente à temps plein depuis un an. Et que je n'ai pas fini d'expérimenter.

Cette deuxième communication avec mon père est remplie de symboles, de messages précis qu'il suffit de décoder. « Nous portons en nous toutes les mémoires de nos vies passées et futures. » Cette simple phrase est encore plus lourde de sens après la troisième, la dixième, la vingtième lecture. Cela va compliquer un peu le travail des psys, j'en conviens ; ils devront réviser leurs techniques et peut-être accepter la théorie de la régression à des vies antérieures... Mais c'est un détail, au fond !

Ainsi, « nous portons les mémoires de nos vies passées et futures ». Passées, je veux bien, futures, c'est moins facile à visualiser! Que doit-on en conclure? Que nous avons en nous toutes les réponses au dénouement de l'histoire de l'humanité? Peut-être. Moi, je le vois comme une sorte de code spirituel qui nous amène vers la Conscience ultime. Au même titre que nous sommes dotés d'un code génétique unique, ce code spirituel est enfoui dans tout être humain et il faut apprendre à le déchiffrer ici, sur la terre, et à travers chacune de nos vies. Supposons que bon nombre d'entre nous vivent présentement au niveau de conscience «e» (pour «éveil»), et que nous devions accéder au niveau «i» (pour vie «idéale») dans un corps physique tel qu'atteint par les grands prophètes (Jésus, Bouddha...). Tout le bagage pour accéder à ce niveau supérieur de conscience est codé en nous. Toutefois, des composantes comme l'éducation, la religion, la société qui nous voit grandir, la culture, l'instruction, la situation économique, la peur du changement, etc., nous limitent ou ralentissent notre ascension vers ce niveau «i». Des réincarnations répétées n'assurent pas pour autant l'accession à un niveau plus élevé de conscience. Pour s'en convaincre, il suffit de regarder notre tendance à répéter les mêmes erreurs de siècle en siècle. Je sens cependant que nous vivons actuellement à une époque charnière qui permet à un grand nombre de personnes d'aspirer aux niveaux supérieurs.

Le «Grand Plan» concerne tout le monde, et chaque personne a Sa Mission à accomplir. Les niveaux de conscience diffèrent quelque peu d'un individu à l'autre, et parfois beaucoup si l'on pense aux grands initiés qui ont marqué l'histoire. Chaque être humain possède cette intelligence innée de l'âme qui est parfaite et se sert d'un corps humain pour continuer de transcender vers les niveaux plus élevés.

Quand, en terminant sa lettre, mon père déclare que «le petit... c'est moi... dans l'Amour et La Lumière!», il affirme, au fond, vivre à la fois dans la matière, ici-bas dans le corps de mon fils, et dans l'autre Dimension, l'au-delà, la Lumière. Tout individu vit donc sa Vie en deux dimensions... ou plus, pour ceux qui acceptent la trinité, c'est-à-dire que nous faisons tous Un avec Dieu et qu'une âme peut s'incarner dans plus d'un corps à la fois. C'est mon cas. Fascinant!

«Je suis heureux de voir La Lumière s'installer sur la terre.» Une autre affirmation percutante. Si les âmes désincarnées voient la Lumière s'installer sur la terre, c'est que nous sommes collectivement engagés dans la bonne voie. Bien que ce «collectivement» n'inclue pas tous les êtres humains, des pas, petits et grands, sont franchis chaque jour pour faire place à la Lumière dont parle mon père. Cette phrase me plaît et me donne beaucoup d'espoir en l'avenir... malgré les guerres, malgré l'état lamentable de notre planète, malgré les mensonges, malgré les inégalités sociales, malgré les injustices.

Lettre à ma petite sœur

Je me rappelle tout à coup. Lors de ma dernière visite, la médium a mentionné, en terminant la consultation, que mon père s'était donné une nouvelle vocation.

« Il veut que tu saches que s'il était médecin sur la terre, là-haut il est devenu un *médecin de l'âme*. » (Cela me prendra une autre année de réflexions et de maturité spirituelle, qui reste embryonnaire soit dit en passant…, pour décider d'écrire ce livre sur mon « médecin de l'âme ».)

Une vocation, c'est un peu à ça que mon père me ramenait en me demandant de lire *L'Alchimiste* de Paulo Coelho. J'ai dévoré le best-seller de l'auteur brésilien en deux jours. Pour ceux qui ne connaissent pas ce livre, il s'agit d'un conte, du style *Le Petit Prince*, de Saint-Exupéry, sur la quête spirituelle des Hommes. Le personnage principal, un berger, doit traverser le désert à la poursuite de sa légende personnelle. On y apprend que chaque personne possède un trésor enfoui au fond de son cœur et qu'il n'en tient qu'à elle de le découvrir et d'accomplir ainsi sa légende personnelle ou, si vous préférez, sa mission de vie. Évidemment, je résume grossièrement, mais c'est l'essentiel du message. Je me suis tapé, par la suite, plusieurs livres de Paulo Coelho et de différents auteurs pour y chercher d'autres réponses. Tout ce que j'ai trouvé... c'est qu'on ne découvre pas dans les livres les réponses à ces questions. Il y a certes des pistes pour nous aider dans notre quête de sens, mais c'est tout. Une recette toute prête à servir, ce serait trop beau!

Alors, quelle est ma légende personnelle? Je ne le sais toujours pas, étant en perpétuel questionnement et en constante recherche sur ce que «je vais faire quand j'vais être grande». Je sens que ça s'en vient, par contre...

❊ ❊ ❊

Le 23 septembre 2003. Quand on parle de spiritualité, il n'y a pas une vitesse de croisière qui soit meilleure qu'une autre. Chacun avance comme il peut; certains roulent en cinquième vitesse, d'autres stagnent au neutre ou vont même à reculons! Ma plus jeune sœur serait du genre troisième vitesse... Disons qu'elle n'est pas pressée dans la vie. Elle ressemble à une deux-chevaux qui côtoie, sur la «Voie», des Porsche et des Ferrari. Elle finit toujours par arriver à destination, mais beaucoup moins stressée que les autres...

Elle compte tout de même parmi les nombreuses personnes qui ont beaucoup aimé l'émission *Claire Lamarche* sur les communications avec l'au-delà et m'a appuyée de façon inconditionnelle dans ma démarche. Elle ne voyait toutefois pas l'urgence de suivre mes traces. Ma cadette a toujours fait les choses à sa façon, et c'est une des caractéristiques que j'admire chez elle, voire que j'envie.

Elle s'est finalement décidée un an et demi plus tard à consulter la médium. J'ai toujours pensé qu'elle avait été un peu épargnée par la mort violente de notre père. Je veux dire par là qu'étant la plus jeune elle était forcément un peu moins consciente des événements et de leurs conséquences… Ou peut-être est-ce simplement un trait de son bon caractère ?

Ma petite sœur a donc reçu sa lettre de J.P., ce matin. On peut dire qu'il l'attendait…

Tu viens chercher ton message aujourd'hui, mon ange, si tu savais comme je suis heureux de te le donner…

Je ne vous retranscrirai pas l'intégralité de la missive, vu son caractère très personnel et aussi parce qu'elle rejoint, dans son essence, celles que nous avons reçues, l'aînée et moi. Je vais plutôt ressortir les phrases qui m'ont fait réfléchir le plus. Mais auparavant, il faut savoir que la plus jeune ne s'est pas identifiée, elle non plus, en entrant chez la médium. Tout comme l'aînée, elle n'avait donné que son prénom en prenant rendez-vous par le biais du service téléphonique.

« En tentant d'identifier qui se manifestait dans son cabinet, Madame M. semblait un peu perplexe. Elle m'a dit : "Je connais cet homme-là. Il est différent, mais je le connais" », m'a relaté me petite sœur en rentrant chez elle.

En milieu de séance, après que la médium eut insisté pour dire qu'elle trouvait un air familier à cette âme, la cadette s'est décidée à se présenter officiellement comme la petite dernière de la famille Gauthier.

Madame M. lui a alors précisé que notre père avait encore changé, qu'il semblait toujours de plus en plus sage. « L'âme ne peut régresser », a-t-il affirmé dans ma première lettre. Cela confirme une fois de plus que l'esprit continue d'évoluer dans l'autre Monde. Grâce aux communications privilégiées que nous recevons à travers le canal de la médium, je peux constater les transformations de six mois en six mois.

Dans son message à sa plus jeune fille, papa revient d'abord sur les raisons qui ont motivé son geste désespéré en ajoutant un élément déterminant : la foi !

Ce que je peux te dire aujourd'hui, c'est que l'arme qui m'a tué n'est pas le fusil, mais l'orgueil et le manque de foi !

Je crois qu'il sent le besoin d'exprimer à chacune de nous séparément la détresse qui l'a poussé au suicide parce que c'est exactement la façon dont nous l'avons vécu, *isolées* les unes des autres. Ma petite sœur a pourtant pris connaissance des messages qui nous ont été livrés, à l'aînée et à moi, mais elle ressent aussi le besoin de l'entendre et de le lire juste pour elle.

Puis notre père s'explique longuement sur les séquelles que sa mort a laissées et qui sont toujours présentes. Il délivre à sa petite dernière quelques bons conseils pour se reconnecter à La Source. De plus, il insiste sur la notion de savoir, dans le sens de conscience, de connaissance d'un fait, pour remplacer celle de croyance, dans le sens d'être assujetti, d'adhérer au même fait. Exactement ce que je ressens aujourd'hui, comme je l'expliquais au chapitre précédent. C'est maintenant une certitude, pas une vague croyance.

Je veux que tu « saches », et non que tu croies, que je ne t'ai pas abandonnée.

J'appuie moi aussi sur le mot « croyance » parce qu'il y a ici une notion d'acte passif et soumis, quand on se limite simplement à croire, alors que le savoir, la connaissance représente une action libre et consciente.

Le papa que tu as connu dans ses peurs, son orgueil et sa personnalité est dans la Conscience maintenant... Je ne me prétends pas un sage, mais un médecin de l'âme, un accompagnateur. Écris-moi, tu peux tout me dire.

Médecin de l'âme. Cela revient encore. C'est vraiment la vocation qu'il a choisie... et que je lui reconnais par ce bouquin.

Un autre mot, très important dans cet extrait, est la « Conscience », avec un « C » majuscule. J'en comprends que l'au-delà égale Conscience et que Conscience égale au-delà, cet espace de vacuité où l'on se repose de la vie terrestre avant de revenir poursuivre sa mission dans une nouvelle incarnation. La mort se traduit en un passage vers cette Conscience ultime. Admettons un instant qu'une fois rendue dans l'au-delà, l'âme ne ressente plus le besoin de se réincarner. Elle atteindrait donc le niveau de conscience «j», celui qui vient juste après le «i» de la Vie idéale dont je parlais plus tôt. Ken Wilber affirme, en se basant sur les enseignements bouddhiques, qu'il existe dix niveaux de conscience (de 0 à 9, en fait). Les Américains les plus évolués, selon lui (quelque cinq pour cent de la population), seraient au niveau 5, appelé «mondocentrique», qui s'explique par une nouvelle conscience du monde et des autres. Ainsi, cette couche de la société n'est plus uniquement centrée sur sa perception de la vie en fonction de ses propres croyances, soit le niveau 4.

Le neuvième niveau de conscience serait en somme la Vie éternelle, espace de parfaite Liberté où l'on devient Non-Mortel, Non-Né pour les bouddhistes, une sorte de Témoin hors du temps et de l'espace. N'ayant, au fond, aucune idée sur la véracité de cette théorie, mais interpellée par son gros bon sens, je préfère mettre les lettres «e», «i» et «j» sur ces mêmes niveaux. Pour moi, l'âme désincarnée qui atteint la Lumière atteint par le fait même la Conscience ultime. Elle doit se réincarner inlassablement jusqu'à l'ascension à ce niveau de conscience «j» où l'Esprit ne sentirait plus le besoin de revenir dans une forme humaine, c'est-à-dire la Vie éternelle, après avoir atteint le niveau le plus élevé sur terre, le niveau «i» de la Vie idéale.

La vie est remplie de beauté et de laideur, de Lumière et d'ombre.

Je ne sais que penser de cette allégorie que l'on retrouve au milieu du message adressé à ma petite sœur. Je crois, dans le contexte, qu'il veut que l'on s'accroche à la Lumière, tout en étant témoin des zones d'ombre, l'ombre étant la souffrance associée à nos choix, à notre libre arbitre. En somme, l'ombre, comme celle qu'il a préférée quand il était en dépression, existe et existera toujours. Mais on peut choisir la Lumière.

«Écris-moi, tu peux tout me dire.»

J'y reviens parce que ces derniers mots m'inspirent. À partir de maintenant, je vais correspondre avec mon père. Je ne m'attends pas à recevoir de réponse, moi non plus; je n'ai pas le don de médiumnité. En revanche, je suis certaine que plusieurs avenues vont se dessiner d'elles-mêmes. Je vous en reparle… dans un autre livre peut-être!

Message à une amie

Plusieurs personnes de mon entourage ont consulté la médium dans les dernières années. Toutes sont ressorties avec des messages percutants, à caractère unique. Pour mieux comprendre le phénomène de l'au-delà et les affirmations de mon père à travers le canal de Madame M., une lettre destinée à une amie m'a été d'une aide inestimable. Il m'a semblé important de divulguer ce message puisque J.P. s'est manifesté quelques secondes quand elle était dans le bureau de Madame M. pour sa consultation.

« Il est juste venu me faire un clin d'œil et est reparti », m'a-t-elle raconté à son retour.

Cette femme, un peu plus âgée que moi et déjà grand-mère, a donc accepté de partager une partie des révélations faites par son père, décédé alors qu'elle n'était encore qu'une enfant. Il affirme notamment s'être réincarné dans le corps du petit-fils de mon amie. Voici l'extrait si éloquent…

Je vis sur plusieurs plans. Comme toi aussi ! « Je Vis » sur le plan de la Conscience et dans un corps physique que je trouve très petit pour moi. Je suis de retour sur ton chemin de vie et tu es maintenant la grand-maman la plus merveilleuse que je pouvais choisir. Tu apaises mes maux de ventre et de tête. Les humains ne se doutent pas que les bébés peuvent avoir mal à la tête. C'est que la Conscience entre dans une si petite boîte qu'on appelle le cerveau, c'est douloureux d'intégrer le corps physique. Il ne faut pas oublier que l'âme s'incarne dans un corps et qu'elle arrive d'une dimension d'Amour incondi-tionnel, d'Intelligence et de Conscience absolue. Alors, elle franchit le « mur de l'oubli » et elle intègre les codes génétiques pour mettre à l'œuvre le Grand Plan.

Lorsqu'on meurt, c'est le processus inverse. Nous retournons dans le monde de la Connaissance et des Archives. C'est la « Vacance » de l'Âme si on veut ! C'est pour ça que tu t'ennuies tant de ton Étoile ma belle fille d'amour ! C'est qu'il y a une partie de toi qui est « partie avec moi » et l'autre qui se débat sur la terre... Ce message m'est inspiré juste pour toi et il me servira aussi beaucoup dans cette nouvelle incarnation. « Je suis » venu sur la Terre pour éveiller l'hu-manité et servir la Lumière ! Je garde ma nature joyeuse, aimant les gens et la Vie ! Je libère, par ma présence physique dans un corps de bébé, ma femme, votre mère, afin qu'elle puisse quitter en Paix ce plan et monter dans sa demeure de repos.

Quelle densité et quelle richesse ! Quelle mine d'informations ! J'ai la confirmation, à travers ce texte, que l'âme incarnée dans l'être humain vit sur plu-sieurs plans. Elle est multidimensionnelle, comme l'affirme mon père : une dimension terrienne, si l'on peut dire, et une autre dimension dans la Conscience. Quand elle s'incarne, cette âme doit entrer dans une toute petite boîte crânienne, trop petite d'ailleurs pour tant d'Amour, d'Intelligence et de Conscience absolue. Elle franchit le « mur de l'oubli » — quelle belle métaphore ! —, pour intégrer l'enveloppe de son corps physique. Son nouveau code génétique humain lui servira de boîte à outils pour bâtir, faire évoluer sa Conscience ici-bas et accomplir sa Mission, « mettre à l'œuvre son Grand Plan ».

J'apprends du coup que l'âme prend une « Va-cance » quand elle quitte son corps terrestre. Vacance dans le sens d'«espace libéré», place vacante. Vacances aussi, sans doute, dans le sens de repos. Elle retourne aux «Archives» — autre métaphore puissante —, où elle se reconnecte avec «ses vies passées et futures», comme mon père me l'enseigne, en attendant le moment de sa prochaine incarnation. Pour moi, les «Archives» sont cet espace où Dieu conserve tous les «documents» de notre code spirituel, sorte de mémoire vive de l'au-delà qui cache la clé de nos vies passées et futures. Tout y est soigneusement inscrit, mais nous n'avons pas encore déchiffré l'ensemble des codes, ni reconnu qui nous sommes dans notre entièreté divine.

L'«étoile» dont il parle, dans ce message, représente l'âme de mon amie, sa Conscience absolue, sa Lumière en partie incarnée dans son corps physique, en partie désincarnée aux côtés de celle de son père.

Je suis renversée par les dernières lignes du texte où il déclare qu'il «libère» sa mère, par sa présence dans le corps de ce nouveau-né, pour qu'elle puisse «monter dans sa demeure de repos». La mère de ma copine est très âgée. Elle se bat contre la maladie depuis quelque temps. La voilà, d'une certaine façon, soulagée de sa lourde tâche parentale qu'elle a assumée seule pendant toutes ces années.

L'expression «monter dans sa demeure» m'interpelle sur un autre plan également. Il y a là une forme d'élévation. On s'élève vers un état supérieur, celui de la Conscience absolue. «Monter au ciel», comme le veut l'expression populaire, c'est donc s'élever à un autre niveau, celui de la Conscience, de l'Amour et de l'Intelligence absolue.

«Ce message… me servira aussi beaucoup dans cette nouvelle incarnation. Je suis venu sur la Terre pour éveiller l'humanité et servir la Lumière!»

Je commence à comprendre ce que J.P. veut dire quand il m'annonce qu'il est «heureux de voir La Lumière s'installer sur la terre». Une nouvelle génération d'enfants hyperconscients, super éveillés, plus doués, «branchés» à la Source et prêts à la servir semble vouloir émerger. Ils ressemblent de plus en plus à de petits adultes dans des corps de gamins. Certains les appellent les enfants indigo. C'est d'ailleurs ce qu'une psychologue que j'ai consultée dans le passé a avancé au sujet de mes enfants. Il existe une abondante documentation concernant ces enfants dits «différents», basée sur les observations de quelques «spécialistes» à travers le monde. Selon leurs études, la grande majorité des enfants qui naissent en ce début de troisième millénaire seraient indigo. C'est une théorie, fortement contestée par ailleurs, et je ne tiens pas à élaborer là-dessus. Peu importe comment ils se nomment, pas besoin d'un doctorat en psychologie pour constater que les enfants d'aujourd'hui sont étonnants et cela dépend sans doute de plusieurs facteurs qu'il serait fort intéressant d'examiner de plus près.

Quoi qu'il en soit, si j'en interprète bien le sens, ces messages de l'au-delà vont servir de point d'ancrage à ceux qui les reçoivent pour mieux accomplir leur Mission.

J'ai soudainement hâte au reste de ma vie, de la Vie.

Troisième rencontre

L e 28 janvier 2004. Ma résolution pour la nouvelle
année ? Écrire. J'ai commencé à rédiger ce bouquin quelques semaines avant ma troisième rencontre
avec Madame M., qui, cette fois, coïncide avec son
quinzième anniversaire comme messagère de l'au-
delà. « Il se passe toujours quelque chose de spécial
cette journée-là », me lance-t-elle au bout du fil en
rigolant.

Je prends la route, un peu fatiguée. J'ai mal dormi
les deux dernières nuits, mon sommeil étant agité par
une très persistante impression qu'il y avait « plein de
monde » (lire ici : plein d'âmes) dans ma chambre à
coucher. Je trouve étrange d'être encore aussi nerveuse
quand je consulte la médium. Rationnellement, je vois
cette journée comme une sorte de pèlerinage annuel,
huit petites heures juste pour moi où je médite et me
branche sur l'autre Dimension. Mais, émotionnelle-
ment, cela se passe autrement. Je ne comprends pas
bien ma réaction et je décide de ne pas essayer de le
faire. Je concentre mes énergies sur le fait que je m'en
vais voir mon Guide, mon Père spirituel, pour qu'il me
donne des pistes sur l'écriture de ce bouquin. En plus,
je viens d'apprendre que, pour des raisons financières,
l'émission culturelle *L'urbaine* que j'anime seule,

depuis septembre, ne revient pas en ondes en février. Je suis à la fois inquiète, surtout pour l'argent, et soulagée. Non pas que je n'aimais pas cette émission, au contraire, j'ai vécu de grands moments avec ma petite gang de travail et nos invités. Ma philosophie de vie me fait plutôt dire que «quand une porte se ferme, une autre s'ouvre». Je sais, c'est plutôt zen et surtout très cliché, mais cette maxime a toujours fonctionné pour moi, alors j'ai confiance. Quoique... je vis aussi des grands moments de doute et de remise en question pour tout et pour rien!

Quand j'arrive au petit bureau de Madame M., je comprends vite pourquoi j'ai si mal dormi les deux dernières nuits.

«Y'a du monde à messe à matin, ma France. Attache ta tuque», m'envoie-t-elle, moqueuse. C'est qu'elle, la médium d'expérience, a l'habitude de ce genre de surprise, mais moi, en bonne «néophyte des affaires de l'au-delà» que je suis, je m'affole un peu!

Je me sens tressaillir aussitôt de surprise, je m'assois et j'essaie de me calmer.

«Je t'explique qui est là, France. Ils sont disposés en forme de triangle. Il y a ton père, en bas ici à gauche. À la pointe en haut, c'est Lucienne, ta nounou qui se trouve là. Elle a les yeux bleu pâle comme des lumières brillantes. Avait-elle les yeux bleus?» Je réponds oui; Lucienne avait les yeux «bleu gaspésien», d'un bleu perçant et si chaleureux. «Ils sont très beaux, ajoute la médium. Et en bas à droite, il y a un homme, mallette à la main, habillé en *businessman* et portant un long imperméable. Il dit s'appeler Gaétan Girouard et il veut te parler!»

Je suis prise à nouveau de vertige. Je m'enfonce dans le divan, paralysée. Je devrais répondre que l'imperméable, c'est pas celui d'un homme d'affaires, mais bien du journaliste d'enquête que Gaétan portait si fièrement, sauf que... Une seule chose me vient à l'esprit en ce moment : « C'est quoi cette affaire-là ? »

Madame M. met le tout en contexte. Voilà deux semaines, alors qu'elle revenait de Montréal, une âme insistante s'est manifestée dans son automobile, à la hauteur de Granby, sur l'autoroute 10. Elle entendait ses paroles, mais ne voyait pas son visage. La médium a attendu au lendemain pour prendre sa plume et griffonner un message de quelques lignes adressé à un autre copain de Gaétan, que nous connaissons toutes les deux. Sans toutefois avoir identifié l'âme en question, madame M. a fait parvenir le message à son destinataire, qui a tout de suite reconnu Gaétan.

Aujourd'hui, il est ici pour moi. Il ne montre toujours pas son visage, mais il se nomme.

« Il veut passer des messages à ses amis de la télévision. Il espère aussi que les hommes arrêtent de se suicider », me transmet Madame M., sans sourciller.

Visiblement, la présence de Gaétan, ce matin, ne la déstabilise pas autant que moi. Elle me confie d'ailleurs avoir peu de souvenirs de mon ancien collègue de travail qui s'est suicidé en janvier 1999. Pour ne pas perdre trop de temps, je m'étends sur le divan. La messagère des « défunts » se met à l'œuvre...

✳ ✳ ✳

Je ne sais plus trop combien de temps je suis restée allongée. Cela m'a paru une grosse heure, peut-être plus, et j'ai pu ressentir la fatigue de la médium, à force d'écrire sans arrêt. Tout au plus a-t-elle pris le temps de respirer à fond à quelques reprises, comme pour se donner le courage de terminer le travail. Madame M. est maintenant prête à me lire les missives de tout ce beau monde. Une mise au point s'impose toutefois.

« J'ai dû demander qui voulait s'exprimer en premier, tu comprends, ils sont trois ? Alors, voici ce qu'ils ont répondu…

Q. Par qui je commence ?

R. Bonjour M.

J'ouvre cette séance si vous le voulez bien, car en tant que « père », je sais que ma fille a grand besoin de la force et de l'assurance du papa, avec lequel elle sait qu'elle ne manquera de rien. Merci à vous, chère amie, de nous offrir votre voix, votre cœur et votre esprit pour rejoindre l'Âme de notre belle France ! Au plaisir et lâchez pas…

J.P. Gauthier, au service de la Lumière sur la terre comme au ciel.

Ma grande, peux-tu t'imaginer juste un instant que je suis toujours vivant, que je suis avec toi sur la terre, mais que je suis resté prisonnier de mes bibittes, que je n'ai pas évolué et que je n'ai aucun moyen de t'accompagner… non pas que je veux te dire que j'ai fait une bonne chose en m'enlevant la vie, mais plutôt pour que tu réalises à quel point l'ouverture de l'Esprit est importante. Je peux t'aider, France, simplement en te tenant par la main, en te montrant le chemin vers la réalisation de « ta » mission. Et je le fais chaque jour. Tout va très bien pour toi, ma fille. La partie de toi qui est la plus sollicitée en ce moment, c'est « ta foi », ta confiance en la vie, aux Hommes, en toi… je n'arrêterai pas de te répéter « tu es capable, tu as tout ce qu'il faut pour arriver à ton but ».

Tu as hérité de ma tête de cochon et c'est un bel héritage. Tu ne lâches pas, tu fonces et tu continues de croire en tes rêves. C'est bon ! Là où l'entêtement te nuit, c'est quand tu veux que ça se passe à « ta » façon… si tu savais comme le Plan est parfait pour toi… laisse les choses arriver vers toi, ma belle enfant. Force pas, prends cette pause

comme un cadeau, remercie déjà pour ce que tu es en train de créer.
Remercie pour tout ce que tu as et surtout, surtout, l'Amour que
tu Es et que tu reçois! Regarde devant toi avec un grand sourire de
satisfaction! La Voie s'ouvre, France...
Je te bénis... suis la Voie!
Papa xxx

Eh bien voilà, le *coach* a encore parlé. Par pudeur, je ne retranscris pas l'intégralité de cette lettre, car elle pourrait être interprétée comme un exercice narcissique. L'âme est pure et ne mesure pas ses paroles, ses encouragements et ses compliments. Les lettres que j'ai lues provenant d'âmes désincarnées se traduisent toutes par des douches d'amour inconditionnel aux personnes à qui elles sont adressées. Je ne représente pas un cas unique, loin de là. Mais je tiens à partager le plus d'informations possible de ce message, notamment parce qu'une partie me montre le chemin, sans toutefois me dévoiler ce qu'il y a au bout. « Regarde devant toi avec un grand sourire de satisfaction! La Voie s'ouvre... suis la Voie!» L'avenir semble prometteur et je pourrai le confirmer ou l'infirmer en temps et lieu. C'est un pari que je fais avec vous. En misant sur la transparence, je prends l'engagement de dévoiler au moment opportun ce que ces prédictions, même certaines que j'ai volontairement omises, signifient. Quand cela se produira, ce que *je sais* et non ce que *je crois*, au plus profond de mon être, je le confirmerai...

Je décortique la lettre maintenant. Papa s'adresse en premier lieu à Madame M. en justifiant qu'il doit être le premier à me transmettre son message. «... je sais que ma fille a grand besoin de la force et de l'assurance du papa, avec lequel elle sait qu'elle ne manquera de rien.»

La médium m'explique que cette phrase est inspirée de la citation biblique : « Le Seigneur est mon berger, rien ne saurait me manquer. » En un mot, J.P. m'invite à écouter ses paroles en premier pour me rassurer et me confirmer que je suis entre bonnes mains : mon père est là pour moi. Je ne manquerai de rien, je peux faire confiance au « Grand Plan ». C'est également un mantra que nous pouvons tous répéter régulièrement, il donne confiance !

Je remarque aussi qu'il signe pour la première fois. Exactement comme il le faisait quand il était médecin : « J.P. Gauthier. » Et la calligraphie se révèle à peu de chose près semblable. Renversant !

Il revient sur son état d'esprit avant de mourir et m'amène à accepter que j'ai aujourd'hui une relation beaucoup plus saine et profitable avec lui que je n'aurais jamais eue s'il était toujours vivant et « prisonnier de ses bibittes ». Il est très clair que le suicide ne représente pas une solution, ni même une option, mais son âme possède maintenant « l'ouverture de l'Esprit » nécessaire à nos échanges et peut, simplement en me « tenant par la main », m'aider à avancer et à faire un autre bout de chemin.

Quand papa souligne « *ta* mission », il ne faut pas le prendre au pied de la lettre, comme si j'étais investie d'une grande mission. Chacun a *sa* mission à accomplir ici-bas. Je ne suis pas une « élue » ou une privilégiée, si ce n'est que, oui, je suis née dans le bon pays, à la bonne époque, dans la bonne famille. D'autres ont moins de chance et cela demeure un grand mystère pour moi. En plus, mon métier m'a permis de découvrir toute la richesse des communications en provenance de l'au-delà.

Mais, au fait, pourquoi tant d'injustices sociales ? Moi, j'appelle cela de « l'indécence temporelle », et je tombe parfois dans d'âpres discussions sur ce sujet avec mon chum qui, lui, continue de croire qu'on fait sa chance dans la vie. *Bullshit !* Il est vrai que chacun fait ses choix et, par conséquent, devient en partie maître de son existence. Mais naître séropositif d'une mère célibataire polytoxicomane ou au cœur de la guerre civile ne correspond au choix d'aucun être humain. On a beau vouloir faire sa chance, ça part bien mal une vie. Est-ce une décision de l'âme pour servir sa propre évolution ? Cette théorie donne bonne conscience aux réincarnationnistes. Personnellement, je réitère que je trouve cela un peu trop facile. Nous devrions vivre notre vie comme si c'était la seule ou la dernière et, par conséquent, donner tout ce que nous avons pour améliorer le sort de l'humanité. Nous aurons la réponse là-haut... et il nous faudra essayer de la retransmettre ! Pourvu qu'il reste encore quelques bons « canaux »...

Il est vrai que « ma foi et ma confiance » sont sollicitées en ce moment, parce que mes idéaux semblent bafoués. Je ne peux plus vivre avec la bêtise humaine qu'on nous montre *ad nauseam* à la télé et dans la presse, en général, quotidiennement. Je parle bien sûr de la guerre, des meurtres crapuleux, des abus et des inégalités de toutes sortes. Mais aussi de l'insouciance collective à ne pas voir les vrais enjeux de notre société. Non ! Nous préférons nous vautrer dans des émissions puériles et stériles, de téléréalité bidon entre autres, pour échapper à notre conscience collective... Ou serait-ce simplement le fait que j'ai quarante ans et que ma tolérance en prend un coup ?

« Là où l'entêtement te nuit, c'est quand tu veux que ça se passe à *ta* façon. » Alors, je vais m'arrêter ici, parce que si ça se passait à ma façon, je n'aurais pas fini de faire la morale sur l'état lamentable de notre planète, la surconsommation maladive, l'inconscience des riches, l'ignorance crasse volontaire des uns et l'incohérence des autres pour ne pas se prendre en main. Et j'en passe…

Bon, ça va, je me calme. Je sais au moins que je peux me lancer à fond dans l'écriture de ce livre parce qu'il m'invite à poursuivre ce que j'ai commencé… « Force pas, prends cette pause comme un cadeau, remercie déjà pour ce que tu es en train de créer. » Ce que je m'empresse de faire. Merci la vie ! On verra la suite…

❋ ❋ ❋

Ce n'est pas fini ! Il y a la lettre de Lucienne, la première qu'elle me transmet, dont voici quelques extraits. Encore une fois, je censure volontairement les propos tenus par « ma deuxième mère » dans cette missive car ils pourraient être mal interprétés. Disons qu'ils sont un peu trop flatteurs… Par exemple, elle croit sérieusement que j'aurais pu atteindre d'aussi grands sommets que Céline, si j'avais voulu chanter ! Mais le Plan en a décidé autrement… Oui, vous avez bien lu, c'est écrit dans la lettre. Pas très objectif, l'amour inconditionnel de ma chère nounou, j'en conviens !

Voilà, j'ose…

Moi, je veux m'adresser à la petite France de huit ans en toi. Celle que je voyais monter des spectacles, chanter et danser devant son miroir ou ses amies… Dans ton plan de vie, tu devais devenir plus qu'une star… tu devais devenir une étoile…

Tu es guidée et aimée de tous les Êtres de Lumière qui t'accompagnent.

Ta petite fille est ton miroir, ton portrait, chère France. Quand je la regarde se dandiner et chanter, ça me rappelle les plus beaux souvenirs de ma vie, le temps où je me suis sentie le plus aimée. Aimée par le cœur pur des enfants. Laisse la petite fille de huit ans en toi te remplir de sa confiance, de son talent et de son Amour. Prends-la sur tes genoux et dis-lui que toi tu la trouves bonne et que tu es derrière elle pour l'amener en haut de l'échelle !

Tu vois, même Lucienne, dans son peu d'instruction, a des connaissances et de l'évolution... L'Âme est intelligence parfaite.

Ta nounou, Lucienne

Wow, quel *pep talk* ! C'est aussi cela, les contacts avec l'au-delà : du gros renforcement positif pour tous ceux qui accueillent ces belles lettres d'amour. Je suis déstabilisée par ces paroles magnifiques. Je pleure presque autant qu'à ma première visite en entendant la médium lire le passage sur le temps où Lucienne s'est sentie le plus aimée dans sa vie. C'est beau. Il n'y a rien à dire de plus, c'est juste très beau !

J'insiste sur le fait que ces mots sont prononcés sans aucun filtre de l'ego. Ils peuvent paraître exagérés pour ceux à qui ils ne sont pas destinés, mais rappelez-vous, chacun de nous a sa mission à accomplir. Quand ma nounou affirme «... tu devais devenir une étoile... », je prends le risque de le retranscrire ici, car je trouve ce message d'une grande beauté universelle. Chaque âme incarnée tend à briller comme une étoile, et pas seulement comme une star qui ne serait que feu de paille ! Mais rien n'empêche d'être à la fois une star et une étoile ; plusieurs grands artistes le prouvent chaque jour.

Toutefois, ce qui m'impressionne et me réconforte le plus, c'est la dernière phrase... « Même Lucienne, dans son peu d'instruction, a des connaissances et de l'évolution… L'Âme est intelligence parfaite. »

L'Âme est intelligence parfaite. Là est la vraie rédemption, le rachat du genre humain. Peu importe ton niveau d'instruction, ton niveau social, ton niveau de vie, ta Mercedes ou ta passe d'autobus, toutes les âmes sont intelligence parfaite et connaissance parfaite. Il existe effectivement une justice quelque part. Je viens de me réconcilier encore un peu plus avec la vie !

Je veux revenir aussi sur le fait que Lucienne me parle de mes huit ans. Il s'agit d'un principe reconnu, en psychologie : retrouver l'enfant en soi pour mieux guérir ses blessures du passé et se réapproprier l'adulte qu'on est devenu. Lire et relire ces lettres devient donc une forme de thérapie quand je sens le besoin de « re-contacter » l'assurance de mon enfance ou, plus simplement, de me brancher sur la Source. Je vous passe les détails que j'ai découverts et réglés en kinéthérapie, sinon que c'est un travail bénéfique accessible à tout le monde de reconnaître et d'écouter l'enfant au fond de soi.

« Tu es guidée et aimée de tous les Êtres de Lumière qui t'accompagnent. » J'aime beaucoup cette phrase, que je crois également universelle dans sa grande sagesse. Nous sommes tous accompagnés. Suffit de le reconnaître !

Gaétan

« L a lettre de Gaétan, maintenant », me rappelle Madame M. Comme si je pouvais l'oublier ! Je suis tellement troublée par sa présence ici, ce matin, que j'en perds mes repères.

« Il s'adresse à moi d'abord et le reste est pour toi, France. »

Bonjour Madame,

Ma présence est intense, je le sais, j'étais comme ça aussi dans la matière... quand je veux quelque chose, je mets le volume au fond, voire parfois même trop fort. Mais je sais que vous êtes capable de vivre avec cette vibration. Sachez que j'utilise votre canal avec respect et reconnaissance. Donc, si vous êtes fatiguée, vous m'avertissez.

De mon vivant, oubliez ça, je n'aurais pas cru en ce que vous faites... les sceptiques sont au fond des gens qui n'ont pas la force « encore » de reconnaître le pouvoir de leur intelligence innée, encore moins de s'en servir.

Merci

Et la partie qui m'est destinée... j'en élague volontairement les longs extraits très personnels où il me fait des prédictions sur ce qui s'en vient au niveau professionnel. Voici l'essentiel du message qu'il veut que je partage avec « ses amis de la télévision » et avec les hommes qui seraient tentés d'imiter son geste désespéré.

À une femme que je découvre dans sa Lumière !

Salut France,

... Tu me dérangeais des fois, tu le sais et surtout, tu sais que le miroir que tu me mettais dans le visage me dérangeait. La télévision est atteinte d'un cancer des os ! La structure est en train de dépérir. Vous « devez faire » quelque chose pour redonner aux médias et à leurs dirigeants le sens de leur « Mission ». Vous êtes capables. Ne tombez pas dans le piège de l'ego, comme moi. Ne vous enlevez pas la vie pour de la reconnaissance et des problèmes d'argent. Ne vous servez jamais d'un micro ou d'une antenne pour abuser de votre pouvoir. Ne laissez plus derrière vous des petits enfants qui se demanderont toute leur vie pourquoi leur papa ne les aimait pas assez pour rester avec eux !

Je suis si heureux de trouver une Voix, une Plume, un Canal pour vous dire... Ouvrez votre cœur. Libérez-vous et embrassez la Vie !

France, écoute, je te laisse là-dessus, je t'embrasse et je te dis « Merde » pour ce qui s'en vient...

Gaétan xxx

Regardez en avant !

Puis, profitant de l'occasion qui se présente, il me demande de servir de messagère auprès d'un autre copain commun qui vit des moments difficiles et qui a même songé au suicide dernièrement. Gaétan le nomme par son prénom et lui écrit en terminant ma lettre...

Tiens bon, mon ami... Tu es quelqu'un, un grand bonhomme. Penses-y bien comme il faut avant de jeter la serviette... Je t'aime !

✲✲✲

O.K. ! Par où dois-je commencer ? C'est que je n'ai pas pris le cours de « réception de messages de l'au-delà 101 » ! Tant que ça reste dans la famille, c'est une chose, mais là, pas évident tout de même ! Pour ne pas « capoter », je tourne encore tout en dérision. Qui sera le prochain ? Vais-je recevoir des petits mots et des conseils de… je sais pas moi… René Lévesque, peut-être ? John F. Kennedy, Elvis ou Marilyn, pendant qu'on y est ? Je pense que je deviens folle !

Je reprends mes esprits tant bien que mal. Je constate avec Madame M. que les âmes désincarnées conservent leur personnalité très spécifique, même une fois rendues dans l'autre Dimension. Gaétan est exactement le même qu'à l'époque où je travaillais avec lui, à l'émission *911* et aux *Nouvelles TVA*, l'ego en moins. Il veut toujours changer le monde ou, à tout le moins, sauver la veuve et l'orphelin.

J'ai toujours eu une relation de travail ouverte, amicale et franche avec Gaétan. Quand il dit que je le dérangeais, c'est justement parce que je le confrontais régulièrement sur ses excès de travail. Gaétan était un boulimique de boulot. Il voulait tellement être aimé et réussir qu'il lui arrivait même de dormir au bureau pour être en ondes aux aurores, à l'émission *Salut Bonjour*. On le croyait travailleur acharné, inépuisable. Moi, je trouvais qu'il courait à sa perte, sans bien sûr me douter de l'issue tragique qui se dessinait. Quand je suis revenue de mon long congé de maladie, en 1997 (après une année d'épuisement général), je me souviens d'avoir dit à Gaétan qu'il s'en allait directement vers le *burn-out*, lui aussi, s'il ne diminuait pas sa cadence. Je lui avais même envoyé un pas très subtil : « Passe donc plus de temps avec ta blonde et tes filles au lieu de travailler tout le temps ! » Un peu mal à l'aise, il m'avait répondu aimer tellement son job qu'il ne voyait pas cela comme du travail. On connaît la suite…

J'ai passé deux semaines à relire ces trois lettres très pertinentes. Celle de Gaétan m'a vraiment prise au dépourvu. Dès les premiers jours, j'ai osé partager certains passages avec quelques personnes de notre entourage de travail de l'époque. Je reconnais avoir été plutôt bien accueillie. Force est d'admettre que l'ouverture face à ce genre de phénomène semble plus grande que je ne l'aurais cru. Évidemment, j'ai aussi remis à notre ami commun en dépression une photocopie du mot que Gaétan lui adressait. Je l'ai ensuite regardé repartir avec son petit bout de papier plié soigneusement dans sa poche, des larmes roulant sur ses joues, le cœur rempli d'espoir. Ne serait-ce que pour ce moment magique, merci Gaétan de t'être manifesté.

C'est bien beau tout ça, mais, une fois de plus, je dors plutôt mal depuis que j'ai reçu ces messages. D'abord, j'ai encore cette fâcheuse impression d'avoir une foule de personnes dans ma chambre qui m'épient dans mon sommeil et dans ma vie, en général. Aussi, je me casse la tête à savoir ce que je dois faire avec la lettre de Gaétan. Il y a de quoi se taper de l'insomnie, non ? J'ai déjà commencé la rédaction de mon bouquin et j'allais chez Madame M. pour y trouver une inspiration renouvelée, pas pour embrouiller les cartes un peu plus. Je ne sais tout simplement pas si je dois ajouter la lettre de mon ancien collègue à celles de mon père et de ma nounou dans la publication de ce livre. Je suis bien consciente que l'on risque de m'accuser d'opportunisme, de vouloir me faire du capital de sympathie sur le dos d'un défunt ou, pire encore, de crier au délire complet.

En revanche, je connais assez Gaétan pour en déduire qu'il aimerait être entendu. En plus, il me transmet ce message en utilisant le pronom pluriel «vous». Bien sûr, cette croisade ne m'appartient pas. Qui suis-je pour redonner «aux dirigeants de la télé le sens de leur Mission»? J'ai bien pensé organiser une petite table ronde avec les grands patrons de la télé... Voyons donc, c'est une blague! Je n'ai aucun pouvoir, sauf que je connais plusieurs personnes haut placées qui en possèdent et à qui ce cri du cœur est directement destiné. En plus, je ne suis pas tout à fait du même avis que mon ex-collègue. Disons plutôt que mon opinion sur le sujet est plus nuancée... Je trouve que l'on fait, au Québec, la meilleure télé... et la pire, comme c'est le cas dans plusieurs autres pays occidentaux. Nous avons le choix. Le drame, pour moi, réside beaucoup plus dans le fait qu'une minorité de gens aime principalement le meilleur, alors qu'une grande majorité préfère trop souvent le pire. Le problème ne se retrouve donc pas dans la qualité de la production, qui ne cesse de s'améliorer à bien des égards, mais dans ce que la majorité choisit de regarder. Il serait donc très naïf de croire que nous allons changer le monde... mais nous n'avons pas le droit de ne pas essayer!

Enfin, j'ai longuement discuté avec la femme de Gaétan, qui m'a donné sa bénédiction en plaidant avec fermeté que «s'il a dit ça, c'est pas pour rien». Voilà, c'est fait, le message est passé, mon cher ami!

Épilogue

Soyez sans crainte, je ne me pars pas une secte. La médium n'est pas un gourou et moi, sa directrice des communications. Je n'ai pas demandé ni cherché à vivre toutes ces expériences et ces émotions fortes. Elles se sont plutôt présentées à moi sur un plateau d'argent. Je n'ai fait qu'écouter la petite voix qui me chuchotait de me laisser flotter avec le courant.

Je ne détiens aucune autre «preuve» de l'existence d'une Vie après la mort, à part celles que je vous ai présentées dans ce livre. Au fond, tout ce que j'avais à offrir était une suite de «coïncidences» et des révélations sorties de «nulle part». J'ai expérimenté un phénomène, j'ai été confrontée à l'éveil de ma conscience et j'ai choisi d'aller jusqu'au bout de ce que mon père appelle la «Voie». En examinant bien les nombreux «hasards» qui se sont produits sous mes yeux jusqu'à maintenant et en accueillant toutes ces révélations, je ne pouvais qu'en tirer une grande conclusion... Oui, Dieu existe maintenant pour moi, en Moi. Nous sommes tous habités par le même Dieu. Il se manifeste dans chaque être vivant, chaque geste, chaque parole, chaque action, chaque coïncidence ou chaque contact avec l'au-delà. Il ne tient qu'à moi d'être attentive aux signes et de les accueillir dans ma vie.

La «longue série» dont me parle mon père dans sa première lettre n'est pas terminée. Mais je m'arrête ici, le temps de laisser ces beaux messages s'imprégner en moi… et en vous aussi, je l'espère. Je n'ai certes pas toutes les réponses à mes questions existentielles et je sais pertinemment que je ne les aurai jamais. Il me reste encore un très long chemin à parcourir pour amener ma conscience à de plus hauts niveaux. J'ai toutefois la certitude de pouvoir compter sur plusieurs «vies passées et futures» pour le faire. Attention, ce n'est pas pour autant un passeport gratuit vers la bêtise ou encore le grand parc d'amusement jusqu'à la fin de mes jours. L'âme qui m'incarne ne me permet plus de perdre mon temps sous prétexte que je peux revenir évoluer dans une autre existence. Encore là, ce serait trop facile. Je ne crois pas au karma, dans le sens religieux du terme. Je crois, ou plutôt je sais, que je n'ai de compte à rendre à personne sauf à ce Dieu en moi qui m'attire vers les plus hauts sommets de la Conscience absolue. Je serai donc appelée, comme les autres, à continuer mon évolution sur terre tant et aussi longtemps que je n'aurai pas atteint le niveau «i» de la Vie idéale. J'en suis encore très, très loin. Mais c'est une maudite bonne raison de continuer à bûcher…

Cela n'explique pas la guerre, les inégalités, les injustices, vous avez raison. J'expose seulement mon choix. Celui de m'ouvrir les yeux, de m'éveiller à une autre Dimension, de savoir que j'ai tous les outils en moi pour atteindre cette fameuse Vie idéale et, enfin, de poser des gestes concrets en ce sens. Maintenant, je sais au fond de mon être, à partir de l'information fournie dans ces lettres, que l'humanité possède toutes les solutions à ses conflits actuels. Il ne lui manque que la volonté et la foi… en elle-même!

De nombreux mystères subsistent que je ne résoudrai peut-être jamais. Par exemple, je ne connais toujours pas la différence entre un ange gardien et une âme réincarnée. Il paraît que notre ange gardien n'est en fait que l'expression de notre âme dans sa dimension astrale. Ce serait donc dire que ma fille est la réincarnation de ma nounou. Je ne sais toutefois pas pourquoi cette précision ne se retrouve pas clairement écrite dans mes lettres. Je n'ai pas d'idée non plus pourquoi mon père me parle de mes seize ans dans sa première missive, alors que j'en avais quatorze quand il est mort. Je ne possède aucun indice pour affirmer qu'on se réincarne toujours dans le même sexe, au sein de la même famille d'âmes. L'expérience que je vis pourrait me le laisser croire, mais « l'échantillonnage » d'âmes réincarnées que je vous ai proposé ne permet pas d'en tirer une conclusion ferme, et puisque je ne suis pas une experte en Vie après la mort, je ne me prononce pas là-dessus. Les réincarnationnistes croient, pour leur part, qu'on passe d'un sexe à l'autre et d'un statut social à un autre. Toujours selon leur théorie, on recroise souvent sur notre route, de vie en vie, les mêmes âmes dans le but d'achever notre guérison mutuelle. Moi, je ne sais pas… Je ne sais pas qui j'ai été dans mes autres vies, ni même qui je suis dans celle-ci. Disons que je suis en « voie de formation » perpétuelle, comme vous tous.

La médium que j'ai consultée n'est pas infaillible non plus. Elle fait sans doute des erreurs à l'occasion. Pour cette raison, je n'énonce ici aucune vérité universelle. Je vous ai parlé uniquement de Mon vécu, de Ma vérité… et elle n'est pas pour tout le monde, j'en suis très consciente. À vous de prendre ce qui correspond à votre expérience. J'ai cependant choisi délibérément de ne pas m'enfarger dans les fleurs du tapis et de ne pas accrocher sur les «petites erreurs» d'interprétation qui auraient pu se glisser dans mon histoire. Je l'ai écrite avec le plus de rigueur et d'honnêteté possible, en y incluant les probables imprécisions, toujours par souci de transparence.

J'ai volontairement refusé aussi de lire sur la réincarnation, les vies antérieures, le karma, l'astral et l'éther ou toute autre théorie nouvel-âgiste qui aborde le sujet de la Vie après la mort. Toutes mes lectures spécifiques à ce sujet, je les ai effectuées après avoir écrit ce livre. Par la suite, j'ai inséré des références dans certains chapitres. J'ai ainsi découvert, en plongeant au cœur de plusieurs ouvrages, que mon récit se tient sans avoir subi d'influence externe. Certains termes, expressions ou interprétations diffèrent, mais, en gros, cela ressemble à ce que nombre de personnes ont vécu avant moi et relaté dans d'autres bouquins. (Vous trouverez en annexe quelques titres qui m'ont plu et qui vous permettront d'aller plus loin dans vos recherches, si vous le désirez.)

Signe des temps, plusieurs fictions s'abreuvent également à la source de cette nouvelle ère que l'on aborde, celle du sixième sens. Par exemple, le roman spirituel best-seller de James Redfield, *La Prophétie des Andes*, est construit autour de ces fameuses «coïncidences» qui nous amènent à faire des choix et à aller plus loin dans le développement de notre conscience.

Plusieurs nouveaux «hasards» se sont d'ailleurs bousculés sur ma route depuis que j'ai commencé l'écriture de ce récit. Je vous en raconte un...

question de vous mettre l'eau à la bouche, et surtout la puce à l'oreille, pour reconnaître ceux qui se dressent sans doute également sur votre chemin.

En janvier 2004, mon chum et moi avons décidé de changer notre fils d'établissement scolaire. Moi, la journaliste maniaque, j'avais un peu trop lu sur les « pauvres garçons » et l'école, au point d'en devenir un brin parano. J'avais peur qu'il se mette à détester apprendre de façon conventionnelle, dans un système favorable surtout aux filles. Nous avons donc pris la décision de l'envoyer à l'école alternative de notre secteur. Le départ d'un élève de maternelle créait une place en première année, pour septembre, et nous permettait de faire une demande d'admission. Nous avons donc enclenché les démarches, passé l'entrevue avec notre fils et, au bout du processus, avons été soumis à un tirage au sort pour déterminer quel enfant serait choisi parmi les demandeurs.

Supposons que notre fils s'appelle Arthur Rondeau. Lors de la soirée d'information, la secrétaire de l'école nous avait raconté, en rigolant, que le petit garçon qui quittait l'école s'appelait également Arthur Rondeau, un nom plutôt rare. Je lui avais alors répondu, moqueuse, qu'il s'agissait d'un signe, qu'il y avait simplement eu erreur sur la personne et que sans aucun doute le nom de notre fils sortirait au tirage. Eh bien, croyez-le ou non, quelques semaines plus tard, la même secrétaire téléphonait à la maison pour nous annoncer, ahurie, que notre fils était l'heureux gagnant du tirage au sort. « L'Univers a rectifié le tir, vous allez avoir le bon Arthur Rondeau à l'automne », lui ai-je envoyé en éclatant de rire.

La vérité est que je n'en ai même pas été étonnée. Quelques jours auparavant, j'avais demandé à mon père qu'il me signifie clairement si nous faisions le bon choix en optant pour l'enseignement alternatif. J'ai reçu ma réponse, et de belle façon en plus! Des exemples, il y en a plusieurs autres. À peine deux ans plus tôt, je n'aurais rien vu de tout cela. Aujourd'hui, je me réjouis chaque fois que je reconnais «la forme que prend Dieu pour passer incognito».

Alors, je vous souhaite bonne route, pleine de beaux et de grands «hasards»...

Bibliographie

À propos de Dieu, Krishnamurti, Éditions Stock, 1997.
Aimer et prendre soin des enfants indigo, Doreen Virtue, Éditions Ariane, 2002
Conversations avec Dieu, Neale Donald Walsh, Éditions Ariane, tomes I et II, 1997, tome III, nouvelles révélations,1999.
Je vous donne signe de vie, Marjolaine Caron (éd.), Diffusion Raffin, 2002.
L'Alchimiste, Paulo Coelho, Éditions Anne Carrière, 1994.
Les enfants indigo, Lee Carroll et Jan Tober, Éditions Ariane, 1999.
La prophétie des Andes, James Redfield, Robert Laffont, 1994. (Aussi aux éditions J'ai lu, 2003.)
La vie après la vie, Dr Raymond Moody, Presses du Châtelet, 1977. (Aussi aux éditions J'ai lu, 2003.)
La vie des Maîtres, Baird T. Spalding, Robert Laffont, 1972. (Aussi aux éditions J'ai lu, 2004.)
La vision des Andes, James Redfield, Robert Laffont, 1998
Le livre de l'âme, Placide Gaboury, Éditions Quebecor, 2001.
Le petit livre de Joshua, Marjolaine Caron, Éditions du Roseau, 2004.

Réincarnation et Karma, Jacques Languirand et Placide Gaboury, Productions Minos, 1984.

Un autre corps pour mon âme, Michael Newton, Les Éditions de l'Homme, 1996.

Une brève histoire de tout, Ken Wilber, Éditions de Mortagne, 1997.

Pour communiquer avec l'auteure :
onnemeurtpas@yahoo.ca

Table des matières